DAS BUCH DER MAGIE

Yan d'Albert

DAS BUCH DER MAGIE

Von Abracadabra bis Zauberkräuter

vgs

Die Informationen und Ratschläge in diesem Buch sind von Autor und Verlag nach bestem Wissen und Gewissen sorgfältig erwogen und geprüft, doch Autor und Verlag übernehmen keinerlei Haftung für etwaige Personen- und Sachschäden, die sich aus Gebrauch oder Missbrauch der in diesem Buch aufgeführten Ratschläge ergeben.

Die Deutsche Bibliothek – CIP-Einheitsaufnahme
Albert, Yan d´:
Das Buch der Magie / Yan d´Albert. –
1. Aufl. – Köln : vgs, 2002
ISBN 3-8025-2924-3

1. Auflage 2002

Produktion: Angelika Rekowski
Umschlaggestaltung: Sens, Köln
Layout und Satz: so.wie?so!, Köln
Druck: Clausen & Bosse, Leck
Printed in Germany
ISBN 3-8025-2924-3

Besuchen Sie unsere Homepage: www.vgs.de

Yan d'Albert, „**MAGIC YAN**", Jahrgang 1958, beschäftigte sich bereits als Kind mit spirituellen und religiösen Themen und zudem, seit 1983, intensiv mit Mystik und Magie. Als Autor, Komponist, Popmusiker und Musikproduzent mit dem Label SOL MUSIC hat er sich bereits einen Namen gemacht. Yan gibt Magie-Seminare und schreibt für Tageszeitungen und Illustrierte (z. B. für das Hexenmagazin w.i.t.c.h.).
Seit 2001 arbeitet er auch an Exposés, Drehbüchern und einer eigenen TV-Show. „**MAGIC YAN**" ist übrigens ein begeisterter CHARMED-Fan.

„Mein Dank gilt den Mitarbeitern des vgs-Verlages für das Vertrauen und die gute Zusammenarbeit und meiner Frau Gabriela für die fachliche und künstlerische Unterstützung während meiner Arbeit an diesem Buch!"

Willkommen in der wunderbaren Welt der Magie!

Du hältst ein umfangreiches Nachschlagewerk mit über **500** wichtigen Begriffen aus Magie und Mystik in Händen. Darüber hinaus vermittelt dir DAS BUCH DER MAGIE zusätzlich noch praktische Kenntnisse und grundlegende Übungen, die du als Hexe oder Magier auf jeden Fall brauchst.

Solltest du Fragen zu diesem Buch haben, wende dich vertrauensvoll an www.funonline.de oder www.dasbuchdermagie.de. Dort bin ich regelmäßig in den Chaträumen für dich da.

In diesem Sinne wünsche ich dir viel Magie- und Hexenpower auf deinem Weg!

Sei gesegnet,
in magischer Verbundenheit,
bis dann,

dein
Magic Yan

EHRENKODEX DER MAGIER*

Möge die Magie
meine Geschicke
im Einklang
mit der schöpferischen Urkraft
lenken.
Möge sich meine Magie
in Weisheit
mit der allumfassenden Liebe
verbinden,
zum Wachsen und Wohle
aller Geschöpfe,
nach bestem Wissen und Gewissen,
in klarer Absicht
und mit rechtem Sinn.

ABRACADABRA, berühmtes mag. Wort, das schon in der Antike verwendet wurde, um Krankheiten zu heilen. Vermutlich stammt es aus der aramäischen Sprache: „Abadda kedabra" = Nimm ab wie dieses Wort. Es gilt als Schlüsselwort der Magier im sog. „Großen Werk". In dem unten abgebildeten Dreieck ist ABRACADABRA 1024-mal (!) enthalten. Man sagt, dass es in dieser Form seine ganze Zauberkraft entfalte.

ABRACADABRA
ABRACADABR
ABRACADAB
ABRACADA
ABRACAD
ABRACA
ABRAC
ABRA
ABR
AB
A

MAGISCHE ÜBUNG:

Du willst eine Krankheit „wegzaubern", ein Problem lösen oder einen lästigen Menschen bannen. Rezitiere laut oder innerlich die obenstehenden Zeilen. Du beginnst mit der ersten Zeile ABRACADABRA, *dann mit der zweiten, mit einem Buchstaben weniger, also* ABRACADABR, *usw. Nach dem letzten Buchstaben* A *sprichst du deinen Zauberspruch, z. B.: „Möge diese Krankheit verschwinden!". Du kannst die elf Zeilen auswendig lernen. Am Anfang wird das vielleicht noch nicht so gut klappen. Aber mit ein bisschen Übung hast du das* ABRACADABRA *bald verinnerlicht. Auch als ➤* AMULETT *getragen erzielst du damit mag. Wirkungen.*

ABRAHAM VON WORMS (um 1362-1460), jüd. Kaufmann und Gelehrter. In Ägypten fand er seinen Meister, den berühmten Eremiten und Magier ➤ ABRAMELIN, von dem er in mag. Praxis unterwiesen wurde. Er weihte ihn in das sog. Abramelin-Ritual ein, mit dem man seinen Schutzengel beschwören und andere Engel und Dämonen herbeirufen kann.

ABRAMELIN, bedeutet vermutlich „Vater des Sandes". Er lebte als ägypt. Eremit und Magier in der Wüstenstadt Araki und war der Lehrer des ➤ ABRAHAM VON WORMS.

ABSTREIFEN, eine mag. Technik, um sich von anhaftenden neg. Energien zu befreien.

MAGISCHE ÜBUNG:

Abstreifen: *Wenn du einen unangenehmen Hautkontakt mit jemandem hattest, dann blase bzw. hauche über die betreffende Stelle an deinem Körper und sprich einen persönlichen Zauberspruch (➤ WORTE). Auch wenn du Gegenstände von unerwünschten Fremdenergien befreien willst, kannst du so verfahren.*

ABWEHRZAUBER. Abwehrzeichen sind spezielle ➤ SYMBOLE, ➤ WORTE, Handbewegungen (siehe auch ➤ MUDRA) oder Körperstellungen als Mittel gegen neg. Kräfte. Man setzt sie ein gegen schädigende Einflüsse, zur Dämonenabwehr und bei mag. Ritualen. Zu ihnen gehören auch manche Stödhur (=Runenstellungen) wie z. B. die einfache oder doppelte Thurisaz-Stellung (siehe Abb.).

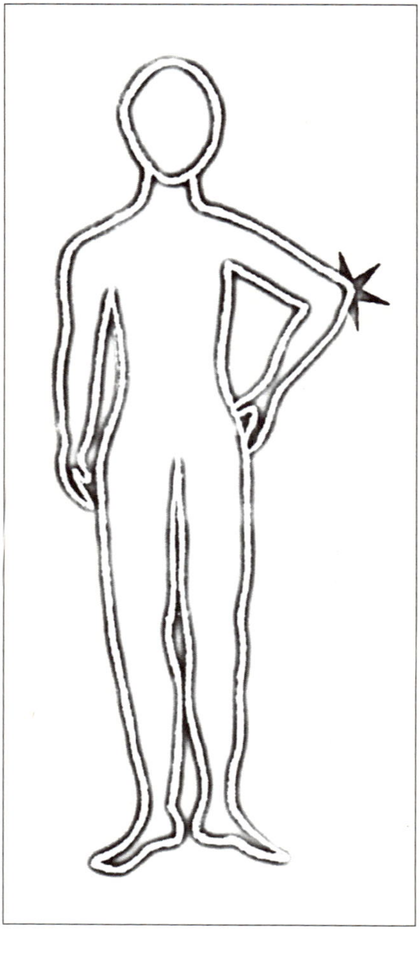

Stadha Thurisaz
(© 2002 *Sol Universal*).

MAGISCHE ÜBUNG:

Für ein normales Problem, etwas oder jemanden abzuwehren, genügt die einfache THURISAZ-Stellung. *Bei schwerwiegenden Angelegenheiten kannst du die doppelte* THURISAZ-Stellung *anwenden. Stelle dich aufrecht und locker hin und bereite dich mit der* ➤ ATEM-Vorbereitungsübung *auf diesen Abwehrzauber vor. Winkle den linken Arm wie auf der Abbildung ab und umfasse deine Hüfte mit deinem Handteller. Töne 7-mal : „Thorn" (als engl.* ***th*** *ausgesprochen, wie bei: this). Und danach sprich: „Ich rufe die kosmisch-mag. Kraft des Thorn, wehre alle schädlichen, dämonischen Angriffe ab!" Male das Thorn-Zeichen zum Schutz auch über dein Bett, deine Tür, an dein Fenster, da wo du möchtest, dass es energetisch wirkt (*➤ RUNEN, 22. *Rune Thurisaz oder Thorn).*

ADEPT (lat.) = einer, der das Ziel erreicht hat. Ein Adept ist ein Eingeweihter in esot. bzw. mag. Lehren (➤ ESOTERIK).

AGRIPPA VON NETTESHEIM, Heinrich Cornelius (1486-1535), Jurist, Arzt, Philosoph und so genannter „Renaissance-Magier". Er wurde in Köln geboren und stammt von einem alten, reichen Rittergeschlecht ab. Agrippa führte ein abenteuerliches Leben. Er studierte Jura, beschäftigte sich mit Geheimwissenschaften und sprach acht Sprachen. A. reiste viel, schaffte sich durch sein mag. und medizinisches Wissen Sympathien an adligen Höfen, aber zog sich auch den Zorn der Menschen zu, die ihn nicht verstehen konnten und wollten, vor allem der Kirche. A. hatte einen großen Einfluss auf die westliche Magie. Eines seiner berühmten Werke hieß *De occulta philosophia* (Köln 1510), weswegen er der Ketzerei beschuldigt wurde. Seine mag. Lehren haben die Entstehung der wissenschaftlichen Revolution des 17. Jahrhunderts entscheidend mitgeprägt.

Agrippa von Nettesheim

AKASHA, (Sk.) = Raum oder Äther. Nach der Definition der Buddhisten und Hinduisten ist es der „unbegrenzte Weltenraum". Rudolf ➤ STEINER und Eliphas ➤ LÈVI betrachten die sog. Akasha-Chronik als eine Art kosmisches Gedächtnis, in dem alle vergangenen, gegenwärtigen und zukünftigen Ereignisse aufgezeichnet sind.

AKKADISCHE SPRACHE und **ZEICHEN,** Geheimsprache der chaldäischen und assyrischen Magier. Im 7. Jh. n. Chr. wurden die Zauberbücher in dieser Sprache verfasst, und heute noch kann man in den Museen Europas akkadische Schriftzeichen auf zahlreichen ➤ AMULETTEN finden.

ALBERT, Zauberbuch aus Frankreich, das auch der „Kleine Albert" genannt wird (fälschlicherweise ➤ ALBERTUS MAGNUS zugeschrieben). Es ist ein mag. Buch mit Rezepten aus der Giftküche und der Naturwissenschaft.

ALBERTUS MAGNUS (1193, nach anderen Quellen 1206-1280), auch Albert der Große oder der „heilige Magier" genannt. Er war Philosoph, Naturforscher und Dominikanermönch. A. M. gilt als der größte Gelehrte des Mittelalters. Nach seinem Studium in Padua lehrte er an Universitäten und in Klöstern verschiedener deutscher Städte. Er war der Erste, der, neben seiner Beschäftigung mit *Aristoteles*, die arab., byzant. und jüd. Schriften (➤ KABBALA) studierte. Weil er nicht nur über ein außergewöhnliches Wissen der Physik und Chemie verfügte, sondern sich auch dem Okkultismus, der Alchemie und der Astrologie widmete, wurde er der „Zauberei" verdächtigt. Er war auch ein Pionier der Edelsteinmagie. Sein Gesamtwerk erschien 1651 in Leiden (Holland) und umfasst 21 Bände.

ALCHEMIE, die Herkunft des Wortes ist nicht eindeutig. Entweder von (arab.) „al-kimia" = schwarze Kunst, (ägypt.) „khemi" oder (griech.) „chymos" = Pflanzensaft. Die A. erlebte im Mittelalter ihre volle Blüte. Man kann die A. als eine Vorform der Wissenschaft betrachten. Sie umfasst teils Experimente, teils Magie. Darunter verstand man die Kunst, unedle Stoffe in edle zu verwandeln. So war es unter anderem das Ziel der Alchemisten, mittels des ➤ „STEINS DER WEISEN" Gold herzustellen. Der eigentlich tiefere Sinn des Goldmachens durch den Alchemisten bezieht sich auf seine eigene seelisch-geistige Verwandlung auf dem Weg zur Findung und Einswerdung mit Gott.

ALLAH: (arab.) „Al-lah" = der Gott. Name Gottes bei Muslimen, Sufis (➤ SUFISMUS) und Christen im arab.-sprachigen Raum. In der Mystik des ➤ ISLAM ist A. ein wichtiges Wort bei Gebeten, Meditationen, Heilritualen und auf rel. Amuletten.

ALTAR, von (lat.) „altus" = hoch + „ara" = Opfertisch. In der zeremoniellen Magie wird meist ein quadratischer Tisch verwendet. Darauf liegt eine Decke, die auf allen Seiten fast bis auf den Boden reicht. Oft ist das ➤ HEXAGRAMM auf die Vorderseite gestickt oder gemalt. Die Gegenstände auf dem A. symbolisieren die vier bzw. fünf ➤ ELEMENTE und werden zu Anrufungen dieser bzw. der entsprechenden Geistwesen der Elemente benutzt.

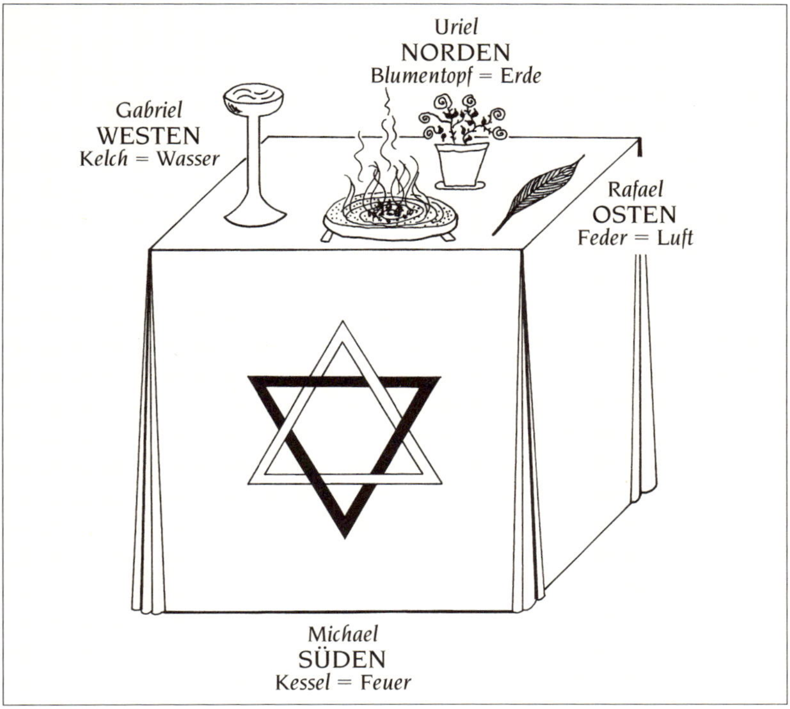

Beispiel für einen Altar. Gegenstände der Elemente verstärken die Wirkung des Zaubers (© 2002 *Sol Universal*).

ZAUBERTIPP:

Als richtige Hexe oder Magier brauchst du auf jeden Fall einen Altar. Doch er muss nicht wie ein Kirchenaltar aussehen. Es kann auch eine Kiste, ein kleiner Tisch, ein Schränkchen (praktischerweise mit Türen oder Schubladen) oder ein großer Stein sein. Ideal wäre ein quadratisches Gebilde, doch auch eine andere Form erfüllt den Zweck.

AMULETT, von (arab.) „hammalat“ = Tragband oder „amoliri“ (lat.) = abwenden. Sammelbegriff für einen Gegenstand, den man bei sich trägt und der einem Schutz und Glück bringen soll. Schon aus der Frühzeit sind A.e als Grabbeigaben überliefert. Sie sollten den Verstorbenen in eine neue Welt begleiten.
A.e können auch natürliche Gegenstände wie ➤ EDELSTEINE (z. B. Korallen oder Achatsteine) sein oder ein metallener, geschliffener Gegenstand, auf dem bestimmte Zeichen eingraviert sind. Das Amulett ist mit dem ➤ TALISMAN verwandt und erfüllt oftmals die gleichen Funktionen. Bei **magicult** (www.magicult.de) findest du eine große Auswahl weiterer Amulette und ➤ TALISMANE.

Glücksamulett
(© 2002 *Sol Universal*).

ANKH auch **ANCH** (ägypt.) = Leben. Es wird auch Henkelkreuz genannt und ist ein schlüsselartiges Symbol für Lebenskraft und ewiges Leben. Häufig wird es auch als ➤ AMULETT oder ➤ TALISMAN getragen.

ANRUFUNG, auch Invokation oder Evokation genannt. Beide finden in der mag. Praxis Anwendung. Bei einer Invokation rufst du etwas herein oder herab, z. B. bei der Versammlung einer ➤ LOGE. Bei der Evokation rufst du etwas aus dir heraus, aus deinem höheren Selbst. In den mag. Zeremonien verwendet man hierzu eine bestimmte Wortformel, z. B. ein ➤ GEBET.

ANKH
(© 2002 *Sol Universal*).

A

ANRUFUNG
(u. a. zum Ziehen des mag. Kreises)

Ich grüße euch, ihr Kräfte des Ostens, der aufgehenden Sonne!
Ich grüße euch, ihr Kräfte des Südens, der Mittagssonne!
Ich grüße euch, ihr Kräfte des Westens, der untergehenden Sonne!
Ich grüße euch, ihr Kräfte des Nordens, der Mitternachtssonne!
Ihr wohlwollenden All-Mächte und Kräfte, ich bitte um euren Schutz und Segen!
Keine negative Kraft des Kosmos kann je diesen Kreis durchdringen!
Amen.

ANTHROPOSOPHIE (griech.) = Weisheit vom Menschen. Diesen Begriff findet man bereits bei *Robert Fludd*, der in seinen Werken die weiße Magie unterscheidet in „Theosophia" (Gottesweisheit) und „Anthroposophia" (Menschenweisheit). In der Moderne bezeichnet sie die von dem Mystiker und Philosophen Rudolf ➤ STEINER begründete Lehre. Ursprünglich Mitglied der ➤ THEOSOPHIE, gründete er in den zwanziger Jahren die Anthropos. Gesellschaft. Die A. ist eine Geisteswissenschaft, die ihre Aufgabe darin sieht, die höheren Erkenntnis- und Willenskräfte der Menschen zu erwecken und zu schulen. Sie sieht sich in der Tradition von J. W. von ➤ GOETHE und ist von christl., hind., gnostischen und kabbalistischen Lehren beeinflusst.

Ein **APHRODISIAKUM** (Mz.: Aphrodisiaka) ist ein Mittel, das erotische Gefühle weckt bzw. sexuell anregend wirkt. Der Name ist der Liebesgöttin *Aphrodite* (➤ GOTTHEITEN) entlehnt. Zu den A. gehören u. a.: **Aprikose, Gardenie, Gewürznelken, Honig, Ingwer, Iris, Jasmin, Kardamom, Knoblauch, Lavendel, Lorbeer, Mandel, Melisse, Mohnsamen, Moschus, Nelke, Neroli, Patschuli, Rose, Sandelholz, Sellerie, Veilchen, Wicke, Ylang-Ylang, Zedernholz u. Zimt.** Aphrodisierende Liebesgeheimnisse findest du unter ➤ BAD, ➤ ÖLE und ➤ ZAUBERKRÄUTER.

ARBATEL DE MAGIA VETERUM, Zauberbuch aus dem Mittelalter mit Anleitungen zum Beschwören von Geistern und Dämonen. Dieses bedeutende Werk über die rituelle ➤ MAGIE wurde 1575 in Basel herausgegeben und gilt als vierter Band der „Magischen Werke" des ➤ AGRIPPA VON NETTESHEIM.

ASHCROFT-NOWICKI, Dolores (geb. 1929), neuzeitliche engl. Magierin, Autorin und Direktorin der Organisation „Servants of the Light Association", einer westlichen Magie- und Mysterienschule. Dolores A.-N. veröffentlicht Bücher und Schriften über mag. Rituale, Wegbahnungen (= mag. Reisen), ➤ KABBALA, Sexualmagie u. a.

ASSOZIATION nennt man eine gedankliche Verknüpfung von Vorstellungen und Ideen.
Beispiel: Eine Assoziation zum Wort Sonne ist z. B. „Lebenskraft".

ASTRAL, von (lat.) „astrum" oder (griech.) „ástron" = Stern, die Gestirne betreffend.

Mit **ASTRALEBENE** oder **ASTRALWELT** ist die Sphäre zwischen geistiger und materieller Ebene gemeint, in der ➤ THEOSOPHIE und ➤ ANTHROPOSOPHIE auch „kamaloka" genannt. Mag. Rituale wirken auf die astrale Ebene, wo sich ➤ ENGEL, ➤ NATURGEISTER und ➤ GOTTHEITEN befinden. Nach esot. Lehren wandert der ➤ ASTRALKÖRPER in die A.welt und verbindet sich dort mit ihr. Durch mag. Übungen und Rituale wird die Wahrnehmung der A. entwickelt.

Der **ASTRALKÖRPER** bzw. **ASTRALLEIB** ist als feinstofflicher, zweiter Körper des Menschen Träger des Seelischen, der Bedürfnisse und Gefühle. Astralleib und ➤ ÄTHERLEIB bilden die ➤ AURA. Der Astralleib kann sich in der ➤ASTRALPROJEKTION bzw. ASTRALREISE vom Körper lösen.

Die **ASTRALPROJEKTION** bzw. **ASTRALREISE** ist eine außerkörperliche Erfahrung, die der ➤ ASTRALKÖRPER im Traum oder in der ➤ TRANCE unternimmt.

ASTROLOGIE von (lat.) „astrum" oder (griech.) „ástron" = Stern und (griech.) „logos" = Kunde. Also die Lehre von der Sterndeutung, die uralte Wissenschaft vom Einfluss der Gestirne auf Erde und Menschen. Bereits die Sumerer vor etwa 4000 Jahren besaßen astrologische Kenntnisse. *Galileo Galilei, Kopernikus, Isaac Newton* waren Astronomen und Astrologen zugleich. Manchen Gärtnern dient die Astrologie dazu, den richtigen Zeitpunkt für die Aussaaten, Ernte und Pflege ihrer Pflanzen zu bestimmen.

Was für ein Sternzeichen bist du?
Lies hier die markanten Zuordnungen und Eigenschaften:

Sternzeichen	Element	Körperteil	Positive Neigungen	Negative Neigungen
Widder (21.03. – 20.04.)	Feuer	Kopf	willensstark, tatkräftig	egozentrisch, draufgängerisch
Stier (21.04 – 21.05.)	Erde	Kehle	beständig, sinnlich	naiv, unflexibel
Zwillinge (22.05 – 21.06.)	Luft	Arme, Hände	intelligent, kommunikativ	inkonsequent, zwiespältig
Krebs (22.06. – 22.07.)	Wasser	Brust, Magen	häuslich, einfühlsam	ängstlich, launisch
Löwe (23.07. – 23.08.)	Feuer	Herz, Rücken	großzügig, kreativ	eitel, egozentrisch
Jungfrau (24.08. – 23.09.)	Erde	Verdauungs-organe	klar, robust	empfindlich, schwerfällig
Waage (24.09. – 23.10.)	Luft	Nieren, Blase	gerechtigkeitsliebend, harmonisierend	unentschlossen, narzisstisch
Skorpion (24.10. – 22.11.)	Wasser	Sexualorgane	zielstrebig, wagemutig	erbarmungslos, nachtragend
Schütze (23.11. – 21.12.)	Feuer	Oberschenkel	optimistisch, aufgeschlossen	flatterhaft, rechthaberisch
Steinbock (22.12. – 20.01.)	Erde	Knie, Knochen	standfest, intelligent	schwerfällig, ernst
Wassermann (21.01. – 19.02.)	Luft	Unterschenkel	intuitiv, originell	stur, unrealistisch,
Fische (20.02. – 20.03.)	Wasser	Füße	sensibel, fantasievoll	verletzlich, haltlos

Wichtige astrologische Begriff von A-Z:

Aspekte: Mathematische Verhältnisse bzw. die Winkelstellung der Sterne. Es gibt 17 dieser Verbindungen. Sie zeigen an, ob es sich um harmonische oder gespannte Verhältnisse handelt.

Aszendent (AC): Das Tierkreiszeichen, welches im Augenblick der Geburt am östlichen Horizont aufsteigt.

Deszendent (DC): Das Tierkreiszeichen, welches im Augenblick der Geburt am westlichen Horizont absteigt. AC und DC stehen also stets in Opposition.

Domizil: Jedem Zeichen ist ein Planet zugeordnet, z. B. der Widder dem Mars usw. Ist Mars bei der Geburt in diesem Zeichen, so ist er im Domizil und kommt besonders stark zur Geltung.

Ekliptik: Die scheinbare Sonnenbahn am Himmel.

Ephemeriden: Astronomische Tabellen, die die tägliche Stellung der Gestirne in Bogengraden, Minuten und Sekunden anzeigen.

Häuser: Das Geburtsbild (Horoskop) wird in zwölf Häuser eingeteilt, nach Jahreszeit, Ort und Uhrzeit der Geburt. Diese Häuser sind verschiedenen Lebensbereichen zugeordnet.

Herrscher (Regent): Planet, der über bestimmte Tierkreiszeichen herrscht. So gibt es in der modernen Astrologie folgende Zuordnungen:

Mars (Widder)
Venus (Stier, Waage)
Merkur (Zwillinge, Jungfrau)
Mond (Krebs)
Sonne (Löwe)
Pluto (Skorpion)
Jupiter (Schütze)
Saturn (Steinbock)
Uranus (Wassermann)
Neptun (Fische)

Horoskop: Geburtsbild, quasi eine Himmelskarte mit Tierkreis, Planetenstellungen, Häusern und Aspekten in einen Kreis gezeichnet. Zur Berechnung eines Horoskops sind Geburtsort, Datum und Uhrzeit erforderlich.

Konjunktion: Eine Konjunktion (☌) ist dann gegeben, wenn zwei Planeten im Horoskop keinen oder nur wenige Grade voneinander entfernt stehen. Wirkt harmonisch.

Konstellation: Stellung eines Planeten oder Gesamtheit der Faktoren eines Horoskops.

Mondknoten: Es wird zwischen aufsteigendem (☊), günstigen und absteigendem (☋), ungünstigen Mondknoten unterschieden, dessen Stellung eine starke Bedeutung hat.

Opposition (☍) **:** 180° Winkelstellung. Ein Spannungsaspekt.

Orbit: Umlaufbahn.

Quadrat (□) **:** 90° Winkelstellung. Ein Spannungsaspekt.

Sextil (⚹) **:** 60° Winkelstellung. Ein Harmonieaspekt.

Sonnenzeichen: Es zeigt den Stand der Sonne zur Zeit der Geburt an.

Trigon (△) **:** 120° Winkelstellung. Ein Harmonieaspekt.

Zenit: Der höchste Punkt des Himmels.

Zodiak: Tierkreiszeichen.

Wichtige astrologische Begriffe:
(Symbole)

☌	**Konjunktion**
☊	**aufsteigender Mondknoten**
☋	**absteigender Mondknoten**
☍	**Opposition**
□	**Quadrat**
⚹	**Sextil**
△	**Trigon**

ASW = AUSSERSINNLICHE WAHRNEHMUNG. Dazu gehören ➤ TELEPATHIE, ➤ HELLHÖREN, ➤ HELLSEHEN und das Vorauserkennen (Präkognition).

ATEM ist mit dem Sanskrit-Wort „Atman" verwandt. Die meisten Menschen atmen physiologisch betrachtet falsch. Die Atmung ist zu flach und findet nur im Brustbereich statt. Die erwiesenermaßen effektivste und gesündeste Atmung ist die Vollatmung, wobei Schultern, Lunge, Brustkorb, Ober- und Unterbauch gleichermaßen in den Atmungsprozess mit einbezogen werden. Als Magus brauchst du kein Yogi werden, der zig Atemtechniken beherrscht. Die folgende Basisübung jedoch ist Voraussetzung für die mag. Arbeit, auf die dann spätere Übungen der ➤ KONZENTRATION, ➤ KONTEMPLATION und ➤ MEDITATION aufbauen.

ATEMÜBUNGEN. Es gibt verschiedene Varianten. Die Kunst der Atemübungen findet in der ind. Kultur des Pranayama-Yoga ihre Vollendung. Die Kontrolle des Atems ist für deine mag. Übungen und Rituale von Bedeutung.

MAGISCHE ATEMÜBUNG:

Atemtechnik: *Einatmen durch die Nase, Ausatmen durch den Mund*

Lege dich entspannt auf eine bequeme, nicht zu weiche Unterlage oder nimm eine ➤ MEDITATIONSHALTUNG ein. Konzentriere dich nur auf den Atem. Lege deine Hände sachte auf den Bauch, um die Atmung zu kontrollieren. Beim Einatmen ***durch die Nase*** *hebe zuerst leicht die Schultern, dehne den Brustkorb, deine Lunge füllt sich mit Luft und schließlich blähst du auch den Ober- und Unterbauch auf, bis genügend Luft in deiner Lunge ist. Beim Ausatmen geht es in der umgekehrten Reihenfolge: Du lässt die Luft* ***durch den Mund*** *ausströmen, dein Unter- und Oberbauch fallen wie ein Ballon in sich zusammen, deine Lunge leert sich, und deine Schultern entspannen sich. Wiederhole diese Übung viermal. Später kannst du die Anzahl steigern.*
Denke bei diesen Übungen immer an die für alle derartigen Übungen geltende **GOLDENE ATEM-REGEL:**

Einatmen = ***Anspannung****, Ausatmen =* ***Entspannung.***

Diesen Atmungsvorgang kann man mit Wellenbewegungen in Zeitlupe vergleichen. Diese Art des Atmens bringt dir längerfristig ein völlig neues Feeling und zeigt dir Dimensionen, die du vorher nie gekannt hast.

ATHAME, geweihter Dolch, mit schwarzem Griff zum Ziehen mag. Kreise, mit weißem Griff zum Schneiden von Kräutern. Siehe auch ➤ WEIHE der mag. Handwerkszeuge.

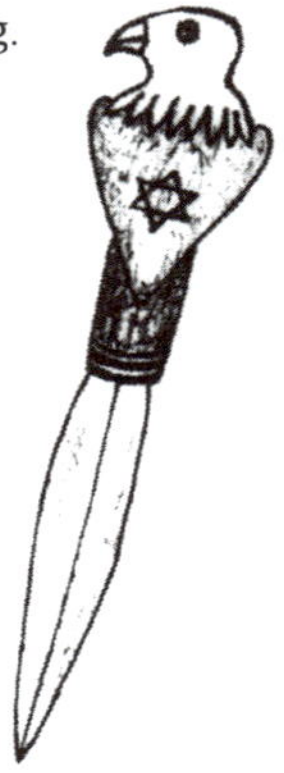
Athame (© 2002 *Sol Universal*).

ÄTHER, von (griech.) „aitho" = brennen, scheinen. In der Esoterik bzw. Magie ist damit der geisterfüllte, feinstoffliche Bereich, der höhere Zustand und die Quintessenz der Materie gemeint.

ÄTHERKÖRPER bzw. **ÄTHERLEIB,** Begriff aus der ➤ THEOSOPHIE und ➤ ANTHROPOSOPHIE, Sitz der Lebenskraft und der ➤ CHAKREN. Er wird häufig zwischen phys. Körper und ➤ ASTRALKÖRPER angesiedelt. In den versch. esot. und mag. Traditionen werden Ätherkörper und Astralkörper nicht immer eindeutig, teilweise sogar als ein und dasselbe, verstanden.

ATLANTIS (griech.) ist eine sagenumwobene Insel, die nach dem griech. Dichter *Solon* und dem Philosophen *Plato* im Atlantik gelegen haben und durch Sittenverfall der Menschen und Missbrauch der Magie untergegangen sein soll. Heute gibt es verschiedene Aussagen über Ort und Geschichte dieses verschwundenen Kontinents. Die Bewohner von Atlantis waren in mehreren verschiedenen Künsten, insbesondere der Magie, weit fortgeschritten. Ein bedeutendes Werk über Atlantis hat der amer. Autor *Ignatius Donnelly* verfasst.

AUFLADEN, MAGISCHES, mag. Handlung, die eigene Energie auf einen Gegenstand zu übertragen.

AUGEN. Es gibt Meister der Magie, die ihre Schüler einzig mit der Kraft ihrer Augen lehren können. Der Magnetismus der Augen besitzt große Kräfte der ➤ TRANSFORMATION. Siehe auch ➤ BÖSER BLICK und ➤ TELEPATHIE.

AUGUREN hießen die staatlich angestellten Wahrsager, z. B. im alten Rom. Sie lasen die Zukunft aus dem Vogelflug, aus den Eingeweiden von Opfertieren und Naturereignissen wie Blitz, Donner, Wind usw.

AURA (lat.) = Lufthauch. Allgemein versteht man darunter die (positive bzw. negative) Ausstrahlung eines Menschen (aber auch eines Tieres, einer Pflanze, überhaupt eines schöpferischen Wesens oder auch Ortes). Im esot. Sinne bezeichnet sie verschiedene Licht-Schichten. Denn die A. setzt sich aus mehreren Schichten zusammen, denen auch Farben zugeordnet werden. Sie wird auch als „Strahlungsenergiefeld" bezeichnet, das Teil unseres feinstofflichen Körpers ist. Der Quantenphysiker Dr. *Albert Popp* nannte sie das „Bio-Protonen-Feld". Ihm gelang es, mit Hilfe eines sog. Restlichtverstärkers die A. von Pflanzen und Menschen sichtbar zu machen. In der ➤ ESOTERIK kennt man folgende Auren: Gesundheits-A. (grau-violett), Gefühls-A. (rot), Mental-A. (gelb), Astral-A. (grün) und spirituelle A. (blau). Die A. kannst du auch mittels ➤ PENDEL an dir selbst oder an einem Mitmenschen erspüren. Bewege dich dazu langsam mit dem Pendel auf den Körper zu, bis es auf die Kraft der A. reagiert. Mit der Fähigkeit der Wahrnehmung, des Lesens bzw. Sehens der Auren gehen die Entwicklung mag. Fähigkeiten wie Krankheitsdiagnose, Hellsehen, Gedankenlesen etc. Hand in Hand.

AVALON ist nach der mittelalterlichen Sage ein kelt. Land der Feen und Götter, eine Art Jenseits und Insel der Seligen. Dort soll König *Arthur* sein Schwert Excalibur empfangen haben.

AWESTA (altpers.) = das Wissen. Heilige Schrift der altpers. Religion. Der Urtext soll zur Zeit *Alexanders d. Gr.* vernichtet worden sein. Von zoroastrischen Priestern wurde ein Teil der Schrift mündlich überliefert und im 3. bis 4. Jh. n. Chr. niedergeschrieben. Der älteste Teil des A., die Gathas (= heilige Gesänge), sollen der Überlieferung nach von ➤ ZARATHUSTRA selbst verfasst worden sein. Die wichtigste Aussage der Lehre des A. ist der Sieg des guten Lichtgottes *Ahura Masda* mit seinen Engeln über den bösen Widersacher *Ahriman* (bzw. *Angra Mainyu*).

BABA YAGA, dämonisches Wesen oder Waldhexe aus der osteuropäischen und russischen Volkstradition. Wahrscheinlich war sie einmal der weibliche Schutzgeist der Schamanen. Erst in jüngerer Zeit galt sie als bösartiges Wesen. Man erzählt, dass sie jemanden durch ihren bloßen Blick in Stein verwandeln könne, dass sie die Brüste schöner Frauen aussauge und dass sie in einer alten heruntergekommenen Hütte hause, inmitten von Schädeln und Knochen ihrer Opfer, darunter auch Kinder. Baba Yaga, eine Kannibalin .... brrrrrrrrrrr!!!

BABYLON, die von König *Nebukadnezar* II. erbaute Hauptstadt des alten Babylon, ist die Wiege der mag. Künste. So wurde dort u. a. die Zahlensymbolik erfunden.

BACON, Roger (1214-1292), engl. Mönch, Naturforscher, Philosoph und Alchemist. Er ist ein Vorreiter der modernen Naturwissenschaften. Als erster Europäer stellte er chem. Basen her. Von ihm stammt der bekannte Spruch: **„Ohne Erfahrung kann der Mensch nichts sicher wissen.“** Die Kirche bezichtigte ihn der schwarzen Magie, stellte ihn unter Arrest und verbot seine Bücher.

BAD, MAGISCHES, zu rituellen mag. Zwecken oder einfach zur Erholung und neuem Kraftschöpfen. Kräuterbäder oder Badesalze für mag. Bäder kannst du auch ganz einfach selbst herstellen.

ZAUBERTIPP:

Mixe die benötigten Kräuter (siehe ➤ ZAUBERKRÄUTER*) in einer Schüssel, am besten eine größere Menge auf Vorrat. Während du rührst, sprich deinen Zauberspruch (➤* WORTE*) und stelle dir dein mag. Ziel bildlich vor. Dann fülle die fertige Mischung in kleine Säckchen, die du hierfür verwenden und selbst herstellen kannst. Gut eignen sich zu diesem Zweck auch alte Waschlappen. Damit die Wirkung der Kräuter nicht verfliegt, bewahre die Kräutersäckchen in einem dicht verschlossenen Behälter an einem dunklen Ort auf. Zur Zubereitung des Bades lasse warmes Wasser ein, tauche das Kräutersäckchen ein und warte, bis das Wasser sich färbt und einen aromatischen Duft verströmt. Bevor du in das Bad steigst, zünde eine Kerze an und/oder brenne zusätzlich passendes ➤* RÄUCHERWERK *ab. Stelle dir nun noch einmal dein mag. Ziel vor und bitte die Kräfte der Kräuter, dich bei der Verwirklichung zu unterstützen. Bei* ***Ölbädern*** *verwendest du einfach die angegebene Menge Öl; und zwar reines ätherisches Öl, keine Parfumöle, denn die überreizen und verkleben die Geruchssinne und haben keine Heilwirkung. Vorsicht ganz besonders bei Ölbädern vor Rutschgefahr in der Badewanne, sonst kann deine mag. Zeremonie ein jähes Ende nehmen!*

Kräuter- und Ölbäder:

Germanium-Badeperlen (organisch): entgiftend, wecken die Lebensgeister, machen wieder fit und verjüngen.

Meersalzbad (Salz aus dem Toten Meer): entspannend, entschlackend, gut für die Haut.

Milch-/Olivenölbad: ein wunderbares Pflegebad, besonders für Menschen mit empfindlicher Haut.

Öl-Dispersionsbad: Dies ist ein spezielles Heilbad. Lasse dich im Reformhaus oder Sanitätshaus beraten.

MAGISCHES RITUAL:

LIEBESBAD

Es weckt das Liebesverlangen und macht dich schön. Stelle eine Mischung aus folgenden Ölen her:

Als Basisöl: 50 ml Mandelöl
1 Tropfen reines Jasminöl (oder 10 Tropfen Jasminöl als Fertigpräparat, reines äther. Jasminöl ist sehr teuer, aber es lohnt sich)
5 Tropfen Orangenöl
2 Tropfen Sandelholzöl
1 Tropfen Ylang-Ylang-Öl

Sprich einen Zauberspruch (➢ WORTE) und nimm alleine oder mit deinem Lover ein Bad. Du kannst dieses Öl auch für Massagen verwenden oder deine Duftlampe damit füllen. Ich wünsche dir sinnliche Stunden ...!

BAILEY, Alice (1880-1949), engl. Theosophin, Mystikerin und Schriftstellerin. Sie war Mitglied der Theosoph. Gesellschaft (➢ THEOSOPHIE) und gründete die „Arkanschule", eine Übungsschule für spirituelle Techniken. B. behauptete, mit geheimen Meistern in Verbindung zu stehen.

Der **BANNKREIS** ist ein mag. Kreis, welcher Geister, Dämonen und Teufel bannen und die Anwesenden schützen soll. Siehe ➢ KREIS, MAG.

Der **BAUM** ist eines der ältesten Symbole der Menschheit. Wir finden ihn als Lebens- und Weltenbaum in allen Kulturen rund um die Erde. Er ist die Heimat vieler Tiere, und seit Urzeiten gilt er auch als Wohnsitz von Gottheiten, Geistern und anderen Wesen. ➤ BUDDHA fand unter dem Boddhi-Baum seine Erleuchtung. Der germ. Gott *Odin* hing neun Tage am Weltenbaum „Yggdrasil" und empfing die ➤ RUNEN-Einweihung.

MAGISCHER TIPP:

Bevor du einen Ast absägst oder einen Baum fällst, entschuldige dich bei ihm, es könnte sonst möglicherweise Unglück bringen. Tue dies nie ohne guten Grund. – Finde deinen persönlichen Baum. Sprich mit ihm, und er wird dir Freund und Berater sein.

Ahorn: Zauberbaum gegen Dämonen und Blitzschlag. Nach altem Brauch hängen die Bauern heute noch in der Johannisnacht (24. Juni) A.zweige an die Türen zum Schutz vor Blitzeinschlägen und um böse Geister fernzuhalten.

Akazie: In südlichen Ländern ist es Sitte, ein Stück A.nholz bei sich zu tragen. Zum Schutz Neugeborener werden Blüten an der Wiege befestigt. Gummi aus A.nbäumen wird bei mag. Ritualen verwendet.

Apfel: Der A. ist eine Paradiesfrucht mit zweideutigen Eigenschaften. Zum einen ist er ein Sinnbild für Liebe, Fruchtbarkeit und geistiges Wissen. In den alten Mythen ist die Rede davon, dass Äpfel verjüngen und unsterblich machen. Im Mittelalter war der A. ein Zeichen des Todes, was möglicherweise durch das lat. Wort „malum" (dies bedeutet gleichzeitig „der Apfel" und auch „das Schlechte") ausgelöst wurde. In der Bibel, bei *Adam* und *Eva*, ist er das Symbol der Verführung und des Sündenfalls.

Birke: „Baum des Frühlings", dem Gott *Thor* geweiht. In der Magie wird die B. auch als Liebesmittel eingesetzt. Hexenbesen werden seit dem Altertum aus B.nzweigen gefertigt. Sie wurden auch als Lose zum Wahrsagen benutzt. Es war Brauch, B.nzweige in den Acker zu stecken, zum Schutz vor Insektenbefall und für besseres Gedeihen. Der Saft aus dem Stamm der B. hilft gegen Hautkrankheiten. B.nhaarwasser ist als Schuppenmittel bewährt.

Buche: Er ist der am häufigsten vorkommende Laubbaum in unserem Land. Von der B. sind die Wörter „Buch" und „Buchstabe" abgeleitet. Aus B.nholz werden Stäbe und Scheiben mit ➤ RUNEN angefertigt.

Eberesche: „witch wood“ (Hexenbaum) in England. Ein heiliger Baum bei den Kelten und Germanen. Auch als „Vogelbeerbaum“ bekannt. In der Magie heißt die E. „Drachenbaum“, weil ihre Zweige vor Drachen und Ungeheuern schützen sollen.

Eibe: „Vor Eiben kann kein Zauber bleiben“ lautet ein altes Sprichwort. Diese Bäume werden gerne auf Friedhöfen und ums Haus gepflanzt, weil sie vor bösen Geistern schützen sollen. ➤ AMULETTE aus E.nholz um den Hals haben die gleiche Schutzfunktion. Auch ➤ ZAUBERSTÄBE wurden oft aus E.nholz hergestellt. Vorsicht: Die Pflanzenteile (besonders die roten Beeren) enthalten Giftstoffe.

Eiche: Der heilige und mag., den höchsten Göttern geweihte Baum. Er gehörte fest zur Religion und zum Ritual vieler Völker. Abraham begegnete unter einem E.nbaum dem ➤ ENGEL ➤ JAHWES.
Die ➤ DRUIDEN aßen vor dem Wahrsagen Eicheln und hielten in den E.nhainen, ihren heiligen Stätten, Orakelbefragungen ab. Bei den Germanen war es Brauch, unter einer E. zu heiraten. Kinderlose Paare sollten sie umarmen, damit sie *Thor* mit Nachwuchs segne.

Erle: In der Welt von Wasser- und Sumpfgeistern lebt dieser Baum, der den Menschen seit jeher Angst eingeflößt hat. Diese Stimmung kommt in ➤ GOETHES Gedicht „Der Erlkönig“ gut rüber. Blätter und Rinde der E. wirken entzündungshemmend.

Esche: Hexen sollen mit Vorliebe in E.n hausen. „Yggdrasil“ ist der Weltenbaum der nordischen Mythologie. Schon *Hippokrates* erwähnt die medizinischen Wirkungen der E. Der Tee eignet sich bei rheumatischen Erkrankungen.

Fichte: Bei den Germanen galt sie als Schutzbaum gegen Krankheiten. Bäder und Honig von F.nnadeln sind bei Erkältungen wirksam.

Hasel: Es heißt, dass *Apollo* dem *Merkur* eine H.rute gegeben habe, um die Tugenden der Menschen zu fördern. Auch die Ruten von *Moses* und *Aaron* waren aus H.rohr. Im Mittelalter galten H.reiser als Mittel gegen böse Feen, Dämonen und Schlangen. Die Magier fertigen ihre Zauberstäbe ebenfalls aus H.rohr. Die Pflanze wird für Liebesorakel eingesetzt, und man sagt, sie erfülle Wünsche. Gegabelte H.reiser werden als ➤ WÜNSCHELRUTEN verwendet.

Holunder, schwarzer: Die schwarzen Beeren enthalten vitaminreiche und heilkräftige Wirkstoffe und sind ein altbewährtes Heilmittel bei Erkältungen und Fieber. H.sirup schenkt reine Haut. Das aus den Samen gewonnene Öl hilft bei Rheuma und Knochenbeschwerden.

Keuschbaum oder auch **Mönchspfeffer** (witzige Namen!): Die schönen Mädchen Athens legten sich diese Pflanze während der Feste der Göttin *Demeter* ins Bett, um ihre Keuschheit zu behalten (... ob das wohl funktioniert hat?). Witzigerweise wird die Pflanze aber auch bei Impotenz (!) und Beschwerden der Eierstöcke sowie bei Beschwerden in den Wechseljahren angewandt.

Linde: „Wo wir uns finden, wohl unter Linden ..." Die L. ist der „Baum der Liebe" und der Liebesgöttin *Freya* gewidmet. Der Tee aus L.nblüten wirkt beruhigend und **linder**nd bei Nervosität, Schlaflosigkeit, Kopfschmerzen und Menstruationsbeschwerden.

Lorbeer: In der griech. Mythologie wurde die Nymphe *Daphne* auf der Flucht vor dem Gott *Apollo* auf eigenen Wunsch in einen L.baum verwandelt. Aus dem Feuer der L.zweige lasen die griech. Zauberer die Zukunft, und durch das Einatmen des Rauches erkannten sie die Ursachen von Krankheiten. Die griech. Priesterin *Pythia* kaute L.blätter, um die Gabe der ➤ PROPHETIE zu wecken. L.zweige über Türen und Eingängen vertreiben Gespenster. Die Blätter im Kochtopf regen Magen und Darm an.

Mandel: M.n werden oft als ➤ TALISMANE getragen. Denn sie sollen eine pos. Wirkung auf geistige Tätigkeiten ausüben und zur Vermehrung des Besitzes beitragen. In der Kosmetik wird M.öl den Seifen und Cremes beigegeben, wodurch die Haut zart und rein wird.

Myrte: Symbol für Liebe und Hochzeit. Die M. war den Liebesgöttinnen *Venus* (röm.), *Hathor* (ägypt.) und *Aphrodite* (griech.) geweiht. Im alten Rom trugen die Bräute M.nkränze, und auch in Griechenland war dieser immergrüne Strauch heilig. M. wirkt keimtötend und hilft daher bei Entzündungen, Verbrennungen und Verletzungen. In der Kosmetik ist sie als Essenz in Gesichtswasser gegen fette und entzündliche Haut sehr beliebt.

Olive: Symbol des Friedens und des Segens. Eine Taube brachte *Noah* einen Ölzweig, um ihm zu signalisieren, dass die Flut zurück gegangen ist und er die Arche verlassen kann. Der O.nbaum war der Göttin *Minerva* bzw. *Athene* geweiht. Das Öl enthält viel Lichtenergie und wird für heilerische und kosmetische Zwecke eingesetzt.

Orange: Das erfrischende ➤ ÖL aus den O.nblüten ist wunderbar für Aromalampen und als Bade- und Massagezusatz geeignet. Auch ist es ideal als Zusatz für Gesichtswasser bei empfindlicher und trockener Haut. Das Öl aus den Schalen hilft bei Cellulitis und Durchblutungsstörungen der Haut.

Palme: In der Antike war der P.nzweig ein Symbol für das unsterbliche Leben. ➤ JESUS verwendete ihn als Siegessymbol beim Einzug in Jerusalem. Bei den alten Ägyptern galt er als Kalenderbaum, weil er für jeden Monat einen P.nwedel wachsen ließ.

Pinie: Sie war der Göttin *Kybele* und dem Gott *Pan* geweiht. Siehe ➤ ÖLE.

Wacholder: Zu einem alten Brauch der Bauern gehört es, in der ➤ WALPURGISNACHT die Stallungen mit W. auszuräuchern. Auch hängte man ihn zum Schutz an Häusern und Ställen, über Türen und Fenstern auf. Aus seinem Holz wurden Bestecke, Becher und Fässer gemacht, da W. auch das Essen und Trinken schützen sollte.

Walnuss: Abwehrbaum gegen Dämonen und Blitze. Ein Trick, wie man böse Hexen lahmlegt: eine besprochene W. unter ihren Stuhl legen.

Weide: Bei den Griechen galt sie als Wohnsitz der Göttin *Demeter* und ihrer Tochter *Persephone*. Auch die ➤ KELTEN verehrten sie und feierten ein eigenes Fest der W.nblüte. Aus diesem Anlass wurden W.nzweige in den Boden gesteckt, damit Fruchtbarkeit über ihre Felder komme. Die W. wächst gerne in Mooren und Sumpflandschaften. Daher vermutete man Feen und Wassergeister in ihrer Nähe. Hexenbesen werden auch heute noch aus W.nzweigen gemacht.

Der **BAUM DES LEBENS** (*siehe Abb. Seite* 26) ist ein Symbol der Schöpfung nach der Lehre der ➤ KABBALA. Er besteht aus zehn (bzw. elf) Sphären, den so genannten SEPHIROTH, durch die sich nach traditioneller Lehre die gesamte Schöpfung bewegt. In der Abbildung sind sie mit ihren Zahlen, Namen, ➤ ASSOZIATIONEN, ➤ ENGELN und Anrufungen aufgeführt. Der Baum des Lebens ist ein Versuch, die Kräfte der menschlichen Seele und des gesamten Kosmos zeichnerisch darzustellen. Durch die entsprechenden Anrufungen (siehe z. B. bei der Sephira KETHER: „Ehejeh") verbindet man sich mit den Energien des Göttlichen und kann so zum kosmischen Bewusstsein finden. Um die komplizierte Struktur des Baums des Lebens zu verstehen, ist ein eingehendes Studium der verschiedenen Sephirot (Ez: SEPHIRA) erforderlich.

Die **BEKLEIDUNG** ist für den Magier wichtig. Doch ist es nicht zwingend, dass du dir für deine Rituale und Zeremonien eigens spezielle B. kaufst. Sicher findest du auch Passendes in deinem Kleiderschrank. Wer will, kann sie sich selbst schneidern. Die Kleider sollten frisch gewaschen und möglichst hell sein, vorzugsweise weiß. Manchmal können auch bestimmte Farben eine Rolle spielen. In der Regel trägt der Magier einen schwarzen Umhang über Hemd und Hose. Zu den weiteren Gegenständen der B. gehören Robe, Gürtel, Stirnband und weitere mag. ➤ WERKZEUGE.

BAUM DES LEBENS

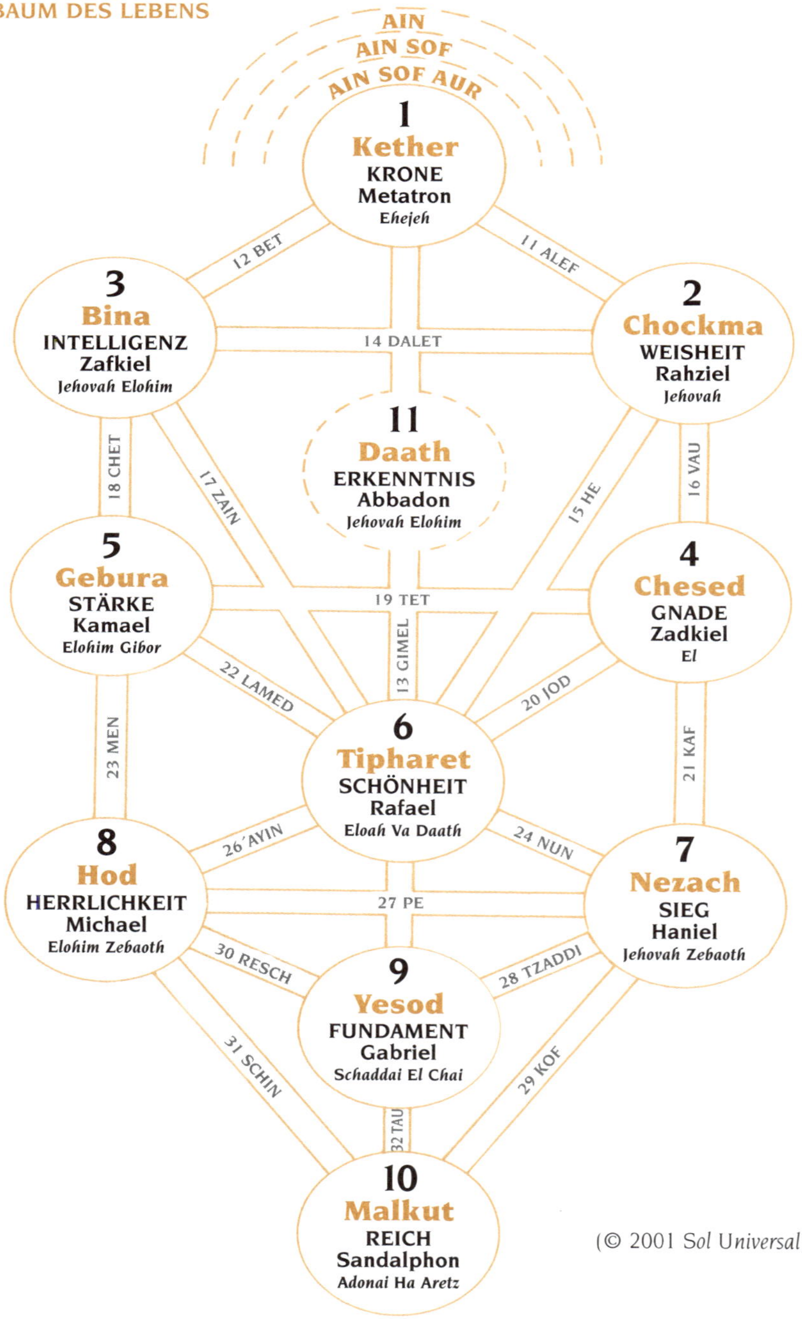

BELTANE, siehe ➤ WALPURGISNACHT

BESANT, Annie (1847-1933), engl. Theosophin, Autorin und Sozialreformerin. Ab 1907 war sie Präsidentin der Theosophischen Gesellschaft. Sie kämpfte unermüdlich für die Unabhängigkeit Indiens und die Pflege des dortigen esot. Meisterwissens.

BESCHWÖRUNG, Anrufung oder Bannung eines Gottes oder Geistes mittels mag. Formeln, Symbole und Räucherungen.

MAGISCHER TIPP:

Anrufungen sollten immer einen Grund haben und einem guten Zweck dienen. Andernfalls kannst du leicht in unbekannte, schlimmstenfalls finstere schwarz-mag. Bereiche abdriften und deinen Körper, deinen Geist und deine Seele in Gefahr bringen. Aus reiner Neugier zu handeln oder nur um zu erfahren, ob du etwas (herauf)beschwören kannst, ist nicht nur gefährlich, sondern für deine eigentliche mag. Arbeit sinnlos.

BESESSENHEIT, siehe ➤ EXORZISMUS

BESPRECHEN, eine Art Wortzauber bzw. eine mag. Handlung mittels der Technik der ➤ SUGGESTION. Sie wird auch als Gesundbeten bezeichnet. Dabei soll eine Gefahr, eine Krankheit oder anderes ausgeschaltet werden. Oft wird gleichzeitig auch ein ➤ DÄMON angerufen oder gebannt.

BIBEL, (griech.) „biblíon“ = „Schriftrolle“. Sie ist das Buch der Christen, bestehend aus dem Alten Testament (AT), das in hebr. und aramäischer und dem Neuen Testament (NT), das in griech. Sprache verfasst ist. Das AT enthält die Schriften der Juden und besteht aus den Büchern des Gesetzes, den prophetischen Büchern (Nebiim) und den heiligen Schriften (Chetubim). Das NT gliedert sich in die Geschichtsbücher (vier Evangelien und Apostelgeschichte), die Lehrbücher (von Römer bis Judas) und das prophetische Buch (Offenbarung des Johannes). Auch in der B. kommen zahlreiche mag. Ereignisse vor. Im AT wird von Hexen bzw. Zauberinnen berichtet, und es ist von etlichen Wahrsagemethoden die Rede. Einige Psalmen enthalten sowohl weiß- als auch schwarzmag. Formeln. Auch die Wundertaten von ➤ JESUS kann man der Magie zuordnen.

Der **BILDZAUBER** ist eine schwarzmag. Praktik, wenn das Bild eines Menschen feindlichen Angriffen ausgesetzt ist. Ein positiver B. wäre z. B.: einen Menschen in Licht zu hüllen.

BILOKATION, ein Ausdruck aus der ➤ PARAPSYCHOLOGIE für die Fähigkeit, mit seinem Körper an zwei oder mehreren Orten gleichzeitig anwesend zu sein.

BIRVEN, Dr. phil. Henri (1883-1969), Ingenieur, Schriftsteller und Vertreter des mag. Idealismus. Gründer der Zeitschrift „Hain der Isis" und eines mag. Studios. Seine umfangreiche wertvolle Bibliothek wurde von den Nazis geplündert. Er schrieb zahlreiche Bücher über ➤ MAGIE und ➤ ESOTERIK.

BLAVATSKY, Helena Petrowna (1831-1891), bedeutendste Okkultistin des 19. Jh.s, Schriftstellerin und Gründerin der Theosophischen Gesellschaft (➤ THEOSOPHIE). Es heißt, dass sie schon von Kind an mediale Fähigkeiten besaß. Als Hellseherin war sie einige Jahre in Europa und Amerika tätig. Später interessierte sie sich auch für Esoterik, reiste nach Ägypten und traf dort auf einen alten koptischen Meister. „HPB", wie man sie nannte, behauptete, mit einer geheimen Bruderschaft der Meister in Verbindung zu stehen. 1888 erschien ihr mehrbändiges Hauptwerk „Die Geheimlehre", das in mag. und esot. Kreisen als ein wichtiges Werk gilt. 1875 gründete sie mit einigen anderen Okkultisten die Theosoph. Gesellschaft, die es sich zur Aufgabe machte, die alten mag. Lehren zu erforschen.

BLUT ist Träger der Seelen- und Lebenskraft. Zur Gründung einer spirituellen Gemeinschaft war es Brauch, durch Austausch des B.es B.sbruderschaft zu schließen. Das Blutopfer spielte bei den mag. ➤ RITUALEN in primitiven Kulturen eine wichtige Rolle, auch heute teilweise noch im ➤ VOODOO-Kult. In der modernen klassischen Magie jedoch ist der Gebrauch von B. nicht üblich.

Der **BÖSE BLICK.** Nach altmag. Glauben verfügten manche Menschen über die Kraft eines Blickes, der vernichtende Folgen, ja sogar den Tod, nach sich ziehen sollte. Sicherlich war die Behauptung, jemand habe den „bösen Blick", sehr extrem und abergläubisch. Heute wissen wir, dass gewisse Blicke (gerade auch in mag. Absicht) durchaus neg. auf die Gefühle von Menschen wirken können. Hier solltest du dich schützen und dich fragen, wo deine Ängste, wo deine Schwächen liegen. Es gibt mehrere Möglichkeiten, dich zu schützen, z. B. durch ein bestimmtes ➤ AMULETT, ein ➤ MANTRA oder einen ➤ ABWEHRZAUBER.

Abwehrzauber, Salomonischer Knoten. (© 2001 *Sol Universal*).

BRAHMAN, (Sk.) = im ➤ HINDUISMUS das oberste Weltprinzip, die höchste Wirklichkeit und ewige Wahrheit, das Absolute.

BRUDERSCHAFT, allgemein die Bezeichnung für eine esot., mag. oder rel. Gemeinschaft in Form eines ➤ ORDENS bzw. einer Lebensgemeinschaft.

Das **BUCH DER SCHATTEN** ist das traditionelle Zauberbuch der Hexen mit Zaubersprüchen, Ritualen, Anrufungen und Tagebuchaufzeichnungen. In der Tradition wird es zur ➤ HEXEN-Einweihung übergeben. Früher sollte es nach dem Tode einer Hexe vernichtet werden. In der heutigen Hexenzunft wird das Buch an die Schülerin(nen) weitergegeben.

BUCHSTABEN, ursprünglich aus der Buche hergestellte Zeichen, werden in vielen Kulturen seit alters als mag. Mittel eingesetzt. Sie gelten als heilig und geheimnisvoll, denn der Name Gottes, das Tetragrammaton, besteht daraus. Die Vorläufer der B. sind die ➤ RUNEN.

BUCHSTABENÜBUNGEN, mag. Technik, bei der das Denken an Buchstaben mit dem Atem kombiniert wird. So stellt man sich z. B. vor, dass ein bestimmter Buchstabe durch den menschlichen Körper oder einen Körperteil wandert und dort eine reinigende und heilende Wirkung ausübt.

BUDDHA, Gautama (560-480 v. Chr.). „Buddha“ heißt wörtlich „der, welcher erwacht ist“. Als Sohn eines Fürsten im heutigen Nepal geboren, ist er auch als Prinz „Siddhartha“ bekannt. Er ist der Stifter des ➤ BUDDHISMUS. B. wuchs zwar in der hind. Religion auf, lehnte jedoch Brahman oder die Existenz eines Schöpfergottes ab. Seine Lehren wurden von seinen Schülern niedergeschrieben. Einer seiner markanten Grundsätze lautet: **„Glaube nicht an das, was irgendein Weiser gesagt hat, in irgendeinem Buche geschrieben steht oder durch eine Tradition bekräftigt ist, sofern es nicht mit der Vernunft in Einklang steht.“**

BUDDHISMUS. Es existieren zwei Hauptschulen: das Hinayana (verbreitet in Südasien) und das Mahayana (verbreitet in Nordasien). Man spricht vom „kleinen“ (Hinayana) und „großen Fahrzeug“ (Mahayana). Während die Schule des kl. Fahrzeugs die Erlösung für das Individuum anstrebt, stellt das gr. Fahrzeug Mitleid und Erlösung aller Menschen in den Vordergrund. Die Buddhisten betonen die Einheit allen Lebens, Respekt und Achtsamkeit vor jedem Lebewesen. Der sog. „Edle achtfache Pfad“ nennt folgende acht Tugenden: rechter Glaube, rechtes Denken, rechte Rede, rechtes Handeln, rechte Lebensweise, rechtes Streben, rechtes Gedenken und rechtes Sichversenken. Der Schwerpunkt der buddh. Lehre liegt auf der Verantwortung jedes Einzelnen für sein Schicksal. Etwa ein Fünftel der Weltbevölkerung gehört dem B. an. Gerade der tibet. B. mit seinen spirituellen Techniken und seinem Geisterkult verfügt über eine lange mag. Tradition.

CADUCEUS, geflügelter Zauberstab des griech. Gottes *Hermes* bzw. des röm. Gottes *Merkur*, um den sich zwei Schlangen winden. In der ➤ ALCHEMIE symbolisiert er die beiden gegensätzlichen Prinzipien ➤ MERKUR (Quecksilber) und Sulfur (Schwefel), im ➤ OKKULTISMUS die beiden psychischen Energieströme Ida und Pingala des Kundalini-➤ YOGA.

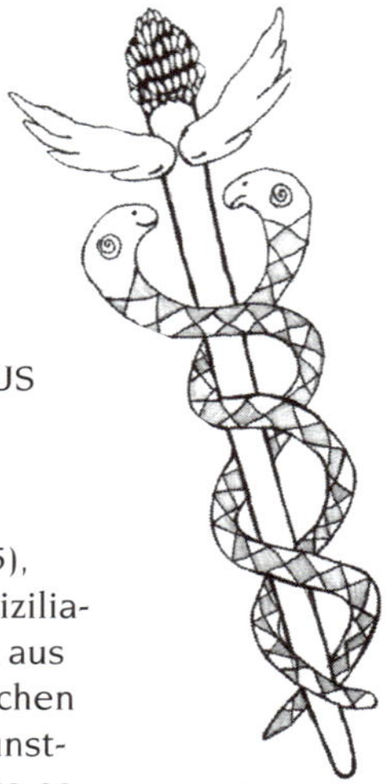

Caduceus, zeitgenössisch (© 2002 Sol Universa

CAGLIOSTRO, Alessandro „Graf von" (1743-1795), bürgerl. Name: Giuseppe Balsamo, Sohn eines sizilianischen Bauern. Eine schillernde Persönlichkeit aus Abenteurer und Scharlatan. Mit seinen unheimlichen Elixieren, spiritistischen und alchemistischen Kunststückchen erwarb er ein Vermögen und verspielte es gleichzeitig wieder. Er erschlich sich das Vertrauen von Gräfinnen und Fürsten und nahm sie aus, indem er ihnen zweifelhafte Einweihungen in mag. ➤ LOGEN verkaufte. Zunächst war er Hilfsapotheker in einem Kloster, floh jedoch von dort und war seitdem unter verschiedenen Namen auf Reisen. In Warschau gab er sich als Großmeister eines ägypt. ➤ FREIMAURER-Ritus aus. Nach der Heirat mit *Lorenza Feliciani* wurde er zu einer Art Kultfigur an den europäischen Höfen. Nach einer Flucht quer durch Europa kehrte er nach Rom zurück, wo er wegen Ketzerei, Freimaurerei und Zauberei angeklagt und zum Tode verurteilt wurde. Papst *Pius* VI. wandelte dies in eine lebenslängliche Haftstrafe um. C. verbüßte sie im päpstlichen Gefängnis San Leone bei Urbino, wo er 1795 starb.

Cagliostro, nach P. Christian, »Histoire de la Magie«, Paris o.J. (aus Lexikon d. mag. Künste, H. Biedermann VMA-Verlag, *Wiesbaden).*

CHAKRA (Sk.) = Rad, feinstoffliches Energiezentrum. Die Chakren entsprechen den Nervengeflechten entlang der Wirbelsäule. In der ind. Tradition unterscheidet man sieben Hauptchakren sowie Nebenchakren.

Die CHAKREN oder Energiezentren (in Klammern die ind. Bez.) sind:

1. oder **Wurzel-Chakra** (Muladhara-Chakra) liegt am unteren Ende der Wirbelsäule, zwischen dem Anus und den Genitalien; Sitz der ➤ KUNDALINI-Energie.

2. oder **Sakral-Chakra** (Svadhishthana-Chakra) liegt oberhalb der Schamhaargrenze.

3. oder **Solarplexus-Chakra** (Manipura-Chakra) liegt ungefähr zwei Finger breit über dem Bauchnabel.

4. oder **Herz-Chakra** (Anahata-Chakra) liegt im gesamten Brustbereich in Höhe des Herzens.

5. oder **Hals-Chakra** (Vishuddha-Chakra) liegt im Hals-, Nacken- und Kehlbereich.

6. oder **Stirn-Chakra** (Ajna-Chakra) liegt zwischen den Augenbrauen, auch ➤ „DRITTES AUGE“ genannt.

7. oder **Scheitel-Chakra** (Sahasrara-Chakra) liegt in der Mitte der Kopfoberseite.

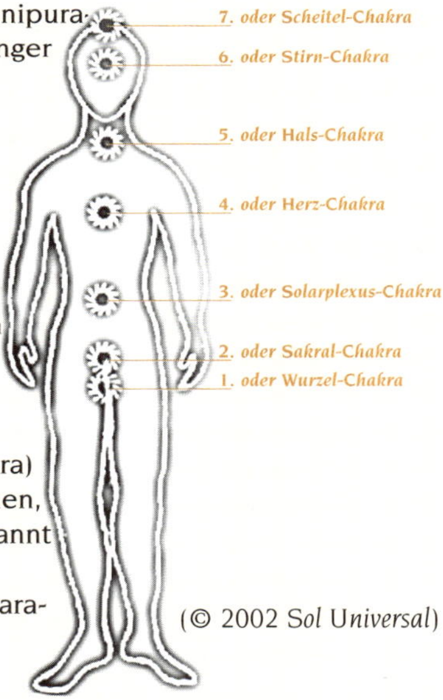

(© 2002 *Sol Universal*)

Die Chakratherapie ist eine Therapieform unter Einsatz von Düften, Edelsteinen, Klängen und Mantras. Hilfreiche Übungen zu den Chakren findest du in meinem Buch **„Das spirituelle Songbook“** (Windpferd-Verlag).

CHIROLOGIE, von (griech.) „cheiro“ = Hand. ➤ HANDLESEKUNST.

CHIROMANTIE = Handweissagung. ➤ HANDLESEKUNST.

CH'I, (chin.) = Luft, Hauch, Energie oder Kraft. Grundbegriff für die kosmische Kraft im ➤ TAOISMUS und in der chin. Medizin, mittels derer mag. Wirken möglich ist. C. ist gleichbedeutend mit ➤ PRANA, ➤ OD etc. Die taoistischen Übungen haben zum Ziel, das C. zu stärken und zu vermehren. Es spielt auch in den Kampfkünsten eine wichtige Rolle.

CHRISTENTUM, Glaubensbewegung mit jüd. Wurzeln, die um 30 n. Chr. entstand und sich zu einer Weltreligion entwickelte. Für die Anhänger des Christentums ist die ➤ BIBEL die Heilige Schrift und ➤ JESUS Christus der Heilsbringer und Messias, der durch seine Menschwerdung und seinen Kreuzestod die Menschheit von ihren Sünden erlöst hat. Im 16. Jh. kam es durch die Reformation zur Abspaltung von der röm.-kath. Kirche und Entwicklung der protestantischen Konfessionen. Sie gliedern sich heute in die lutherische Kirche, die reformierte Kirche, die anglikanische Kirche und in die Freikirchen und selbstständigen Kirchen. Gemeinsam sind allen christl. Kirchen der Glaube an die Dreieinigkeit, die Unsterblichkeit der Seele und das Leben nach dem Tode. Oberhaupt der röm.-kath. Kirche als Nachfolger des Apostels *Petrus* ist der Papst im Vatikanstaat. Das C. hat (auch viele unschuldige) Magier und Hexen über Jahrhunderte verfolgt und vernichtet. Dabei haben sich viele christl. Würdenträger (z. B. Papst ➤ LEO III.) gleichzeitig der gleichen Praktiken bedient wie diese. Auch die ➤ BIBEL beinhaltet zahlreiche mag. Schriften und Ereignisse.

CIRCE (auch **KIRKE**), Zauberin aus der griech. Sage. Weil sie ihren Gatten vergiftete, wurde sie auf die Insel Aia verbannt. Dort wohnte sie in einem Palast mitten im Wald. Sie konnte mit ihren Zauberformeln Menschen in wilde Tiere verwandeln. Mit ihrem Gesang „becircte" sie die Männer, so z. B. die Gefährten des *Odysseus*, die sie in Schweine verwandelte. Später wurde sie eine gute Ratgeberin des *Odysseus*.

CROWLEY, Aleister (1875-1947), engl. Magier und Schriftsteller, einer der bekanntesten Persönlichkeiten der Magie. Er entwickelte sich allerdings im Laufe seines Lebens eindeutig zu einem größenwahnsinnigen Schwarzmagier. In den 20er Jahren galt er als „bösester Mann der Welt". Seine Eltern gehörten einer strengen protestantischen Sekte an, gegen die der junge Aleister schon früh und dann zeitlebens eine große Abneigung hatte. Nach dem Tod des Vaters war er gänzlich dem religiösen Fanatismus seiner Mutter ausgeliefert. Bereits damals bezeichnete sie ihn fatalerweise als „Biest" und das „Große Tier". 1898 wurde er als ➤ NEOPHYT in den mag. Orden der Goldenen Dämmerung (➤ ORDER OF THE GOLDEN DAWN) aufgenommen, wo er nicht lange sein sollte. Streben nach persönlicher Macht, Drogenmissbrauch und sexuelle Ausschweifungen gehörten zu seinen nicht nachahmenswerten Praktiken. Schicksalhaft wurde er dann zu dem, was ihm seine Mutter prophezeite: Er bezeichnete sich selbst als das „Große Tier" und sogar als „Der Teufel in Person". Am Ende seines Lebens hatte Crowley, der sicherlich eine intelligente Persönlichkeit und ein begabter Magier war, gerade noch eine Hand voll Anhänger. Er starb 1947 als verbitterter und vereinsamter Mensch.

CUNNINGHAM, Scott (1956-1993), bedeutender neuzeitlicher ➤ WICCA-Autor und Experte mag. Naturkunde. Er beschäftigte sich über zwanzig Jahre lang mit Magie und schrieb mehr als dreißig Bücher.

DÄMON, von (griech.) „daimon". Er wird meist als böser Geist gedeutet. Dämonen tauchen in allen Größen auf und können daher auch in menschliche Körper fahren. Einige ➤ OKKULTISTEN sprechen gar von gegenwärtig 7 250 000 (!!!) existierenden Dämonen. Diese Wesen fürchten Licht, ➤ FEUER, ➤ WASSER, Salz, bestimmte ➤ ZAUBERKRÄUTER und ➤ AMULETTE. Bei den Griechen war D. sowohl die Bezeichnung für einen Gott als auch für Wesen auf einer Mittelstufe zwischen Gott und den Menschen. So wird dieses Wort (z. B. in der Dichtkunst) häufig auch im Sinne von „schöpferischer Intelligenz" oder „Genius" gebraucht.

DASKALOS (1912-1995), bürgerl. Stylianos Atteshlis, „der Magus von Strovolos". Einer der größten Mystiker und Magier des 21. Jhs. Zypriotischer Heiler, Weisheitslehrer und Verfasser mag. Bücher (u. a. „Esoterische Lehren"). Er besaß drei Doktortitel, hatte Diplome für Violine und Klavier und war ein bekannter Maler und Schriftsteller. Es existiert ein weltweit großer Anhänger- und Schülerkreis. D. lehnte es jedoch ausdrücklich ab, als „Guru" verehrt zu werden und untersagte, eine Organisation mit seinem Namen zu gründen. Er sah sich als esot. Christ und Vertreter der ➤ ANTHROPOSOPHIE. Er verfügte über Fähigkeiten, die man als wahrhaft mag. bezeichnen kann.

DEE, John (1527-1608), engl. Mathematiker und Astrologe. Berater von *Königin Elisabeth* I. Er behauptete, aus dem mag. Spiegel (➤ SPIEGELMAGIE) die Zukunft sehen zu können und beschäftigte sich mit einer rätselhaften uralten Sprache, der sog. Henochischen Sprache. Einige mag. Instrumente wie ➤ ZAUBERSTÄBE, ➤ TALISMANE und Formelbücher D.s kann man heute im Londoner British Museum bewundern.

DELPHI, berühmte griech. Kultstätte. Die Priesterin *Pythia* erteilte im Tempel des *Apollo* in tranceartigem Zustand die Orakel von Delphi.

DISNEY, Walt (1901 in Chicago, nach anderen Quellen in einem kleinen Dorf in Spanien – 1966), Schöpfer zahlreicher mystischer und mag. Filme, überwiegend Zeichentrickfilme. Schon in früher Kindheit begann Disney mit dem Zeichnen. Im Jahre 1923 gründete er seine eigene Firma. Alles begann in einer Garage: Mit 500 Dollar Startkapital zeichnete sich Walt Disney bis zum Weltruhm. 1928 schuf er die *Micky Maus*. 1955 eröffnete er in Kalifornien Disneyland. Weitere Themenparks weltweit folgten (u. a. in Tokio und Paris). Walt Disney erhielt für seine Filme insgesamt 25 Oscars. Disney zählt heute mit ca. 120 000 Mitarbeitern zu einem der größten Unterhaltungskonzerne der Welt.

DRACULA, siehe ➤ VAMPIR

Das **DREIECK** ist eines der mag. Grundzeichen und dient in der Ritualmagie dazu, Geister zu beschwören, ähnlich wie beim Ritual mit dem mag. ➤ KREIS. ➤ TALISMANE oder andere mag. Symbole des Geistes, der angerufen werden soll, werden in die Mitte des Dreiecks gelegt. Der Magier verstärkt durch Konzentration die Energie der drei Ecken, um den beschworenen Geist zu bannen.

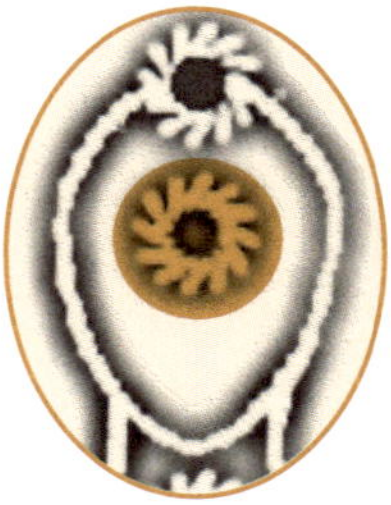

Das **DRITTE AUGE** gilt in der Magie als zusätzliches Sehorgan und im ➤ Kundalini-Yoga als siebentes ➤ CHAKRA. Dass es sich dabei nicht um ein Fantasiegebilde handelt, beweisen neuere Forschungen: Man fand heraus, dass das d. A., auch „Pineal-Organ" genannt und bei manchen Reptilienarten noch vorhanden, zwischen den beiden Großhirnhälften sitzt und von Zellen gesteuert wird, die an der Kreuzung der Sehzellen sitzen. Es produziert das Hormon Melatonin.

DRUIDEN, von (griech.) „dryas" = Eiche. D. sind Priester, Gelehrte und Richter im vorchristl. Gallien und Britannien. Sicherlich haben sie nicht wie „*Miraculix*" in den Comics „*Asterix*" den ganzen Tag Misteln geschnitten, sondern hatten noch andere wichtige Aufgaben. Ähnlich den ➤ SCHAMANEN führten sie mag. Rituale durch, verfügten über astronomische und medizinische Kenntnisse und traten mit Göttern in Verbindung.

DSCHINN (arab.) = Geist, Dämon. Im ➤ KORAN im Sinne von „Seelenkraft" gemeint. Laut Überlieferung soll König Salomo seine großartigen Tempel von Dschinnen erbaut haben lassen.

EDDA, die Hauptquelle altnordischer Mythologie, eine Sammlung von Sagen, Liedern und Sprüchen. Die sog. Ältere E., deren Verfasser unbekannt ist, stammt etwa aus dem 12. Jh. und ist in Versform abgefasst. Die Jüngere E. um 1230 in Prosa stammt von *Snorri Sturluson*.

EDELSTEINE und andere Steine sind wichtige mag. Objekte und gelten schon seit Urzeiten als heilbringend. Sie bieten Schutz vor Geistern und Dämonen. E. besitzen die Eigenschaft, Energie zu speichern, zu bündeln und zu übertragen. Man kann sie als Zaubersteine tragen oder auf den ➤ ALTAR legen, z. B. in ➤ MANDALA-Form angeordnet. Bei mag. Stein-Ritualen oder der Lithotherapie (= Steinheilkunde) gibt es zwar Modelle, jedoch keine festgelegten Systeme. Lerne, bei der Anwendung mit E.n auch deinen eigenen Intuitionen zu vertrauen.

Edelstein-Formen

Edelsteine sind erhältlich als
- Rohsteine
- getrommelte Steine (z. B. sog. „Handschmeichler")
- geschliffene Steine (z. B. als Kugel, Scheibe, Donut, Pyramide, Figur etc.)

Herstellungsarten

Von den Edelsteinen kann man folgende Produkte herstellen:
- Edelsteinwasser
- Edelsteinessenz
- Edelsteinpulver
- Edelsteincreme

Anwendungsarten

Für mag. Rituale und zur Therapie sind folgende Anwendungsarten möglich:
- Tragen der E. in der Tasche oder am Körper
- Aufstellen der E. in der Wohnung und am Arbeitsplatz
- Meditation mit den Steinen in ➤ MANDALA-Form
- Auflegen der E. auf die ➤ CHAKREN
- Kristallmassage (Massieren eines bestimmten Körperteils mit den zugeordneten Steinen)
- innerliche Einnahme o. äußerliche Anwendung der Edelsteinwässer, Essenzen o. Pulver
- Auftragen der Edelsteincremes

ZAUBER-TIPP!

Reinige deine E. von Zeit zu Zeit, damit sie immer wieder mit neuer Power aufgeladen werden. Wie das geht? Einfach einige Zeit unter kaltes Wasser halten (niemals heißes Wasser verwenden, sonst können die Steine zerspringen!) oder ca. eine Stunde in ein Gefäß mit ca. einem Liter Wasser legen. Auch geistig kannst du deinen Stein reinigen, indem du ihn mit den Händen umschließt und dir einen Wasserfall oder einen Bach vorstellst, der alle Verunreinigungen und störenden Informationen aus deinem Stein fortspült. Lege ihn anschließend zum Aufladen in die Sonne. Solltest du Gelegenheit haben, deine E. an einem fließenden Gewässer zu reinigen, nutze die Kraft der Natur. Über die ausführliche Reinigung und Pflege lies in meinem Buch MAGISCHE RITUALE.

Astrologische Zuordnungen, Wirkungen und Eigenschaften der Edelmetalle, Edelsteine und anderer magischer Steine:

Im Folgenden findest du eine kurze Darstellung der wichtigsten E. und ihrer Merkmale. Die vorgeschlagenen Heilanwendungen können keinesfalls eine ärztliche Behandlung ersetzen. Wenn du dich näher mit dieser Materie beschäftigen willst, besorge dir Fachbücher darüber.

Achat: *Stier, Skorpion*. Glücksbringer, Schutz- und Heilstein. Löst Spannungen, fördert die Sehkraft, positiv für Freundschaften.

Amazonit: *Wassermann*. Heiliger Stein der Indianer. Bei Herz-, Hals- und Rückenbeschwerden. Gegen Stimmungsschwankungen, tröstend bei Trauer.

Amethyst: *Fische, Widder*. Idealer Magie-Stein. Fördert geistige Arbeit, Intuition und Meditation. Bei Kopfschmerzen und Schlaflosigkeit.

Apatit: *Schütze*. Gut für Knochen und Wachstum. Appetitanregend, verdauungsfördernd. Bei Antriebslosigkeit und mangelndem Selbstbewusstsein. Vertreibt Mürbegeister!

Aquamarin: *Wassermann, Fische, Waage*. Stein der Seher und Heiler. Bei Erkältungskrankheiten, Augenschmerzen, Reisefieber. Indem er sein Aussehen verändert, warnt er dich vor falschen Freunden.

Aventurin: *Krebs, Schütze, Stier*. „Kampf-Stein" der alten Griechen. Bei Augen-, Haut- und Herzbeschwerden (Edelsteinwasser!).

Bergkristall: *Löwe, Steinbock.* Meditationsstein der Hellsichtigkeit. Für Klarheit, Reinheit und frische Energie. Neutralisiert neg. Schwingungen und harmonisiert.

Bernstein: *Zwillinge.* Versteinertes Harz aus abgestorbenen Bäumen. Bei Halsinfektionen und Erkrankungen der Atemwege. Als Pulver gegen Infektionen, vertreibt geräuchert böse Geister.

Beryll: *Zwillinge.* Stärkt den Glauben. Wirkt entgiftend. Bei Augen-, Magen- und Darmerkrankungen. Ein wirksamer Liebeszauber. Er schützt und bringt getrennte Pärchen wieder zusammen (eine gute Geschenkidee!).

Chalzedon: *Krebs, Schütze.* „Stein der Redner und Künstler". Ideal für Stimme, Hals und bei Sprachschwierigkeiten. Bei nervösen Zuständen, Prüfungsängsten und Lampenfieber. Fördert das Selbstvertrauen, schafft Kontakte.

Chrysokoll: *Stier, Krebs, Wassermann, Waage.* Heilstein der alten Priester und Magier. Gegen Jähzorn, baut Stress ab und schafft einen klaren Kopf.

Chrysopras: *Krebs, Steinbock.* Mag. Stein der alten Griechen. Bei Herzbeschwerden und hohem Blutdruck, wirkt blutreinigend. Schenkt Ruhe und körperliche Harmonie.

Citrin: *Zwillinge, Jungfrau.* Guter Meditationsstein. Bei Magen- und Verdauungsbeschwerden, Konzentrationsmangel, Stress und Depressionen.

Diamant: *Löwe.* „König der Edelsteine". Löst Blockaden, bringt die Lebensenergie wieder zurück. Kräftigt Knochen, Drüsen und Ausscheidungsorgane.

Falkenauge: *Wassermann.* Bei Verletzungen, Entzündungen und Augenkrankheiten. Schützt am Computer vor Strahlung. Fördert Entschlussfähigkeit und Zielstrebigkeit.

Fluorit: *Fische, Wassermann.* Guter Meditationsstein. Bei Kopf- und Gelenkbeschwerden und Atemwegserkrankungen. Anregend bei geistigen Arbeiten. Stelle ihn auf deinen Schreibtisch!

Gold: *Löwe.* Steigert Magie und Heilkraft anderer Steine. In G. gefasste Edelsteine haben stets eine ganz besondere Energie.

Granat: *Widder, Skorpion.* „Heiliger Leuchtstein". Wirkt blutbildend, regt Herz und Kreislauf an. Schenkt Weisheit, erhellt die Seele.

Hämatit: *Skorpion*. „Blutstein", blutreinigend, -stillend und -bildend. Vorsicht: Nicht bei Entzündungen anwenden, da diese dann eher angeregt werden. Hilfreicher Schutzstein, warnt vor Gefahren.

Heliotrop (auch **Blutjaspis**): *Widder, Skorpion*. Bei Infektionen aller Art, vor allem bei Blasenentzündungen. Wirkt entgiftend auf die Ausscheidungs- und die inneren Organe. Weckt Verständnis und Mitgefühl, schützt vor Alpträumen.

Jade: *Fische, Waage, Krebs*. „Traumstein" für Traumdeuter. Bei Nieren- und Blasenleiden, unterstützt die Drüsenfunktionen. Beruhigend und entspannend, auch gut während der Schwangerschaft. Erweckt und erhält die Liebe.

Jaspis: *Widder, Jungfrau*. „Regenzauber-" u. „Geburtshelferstein", wirkt erleichternd bei Entbindungen.

MAGISCHER TIPP:

Zum Abnehmen trinke eine Stunde vor der Mahlzeit Jaspiswasser (Herstellung siehe Seite 41).

Karneol: *Widder, Zwilling, Jungfrau*. Stein der Ägypter. Gut für den Kreislauf, stillt Blutungen. Ein K. als Halskette getragen, lindert bei Mädchen und Frauen die Menstruationsbeschwerden. Zudem gibt er jede Menge Power und Lebensfreude.

Koralle: *Stier, Skorpion*. Schutzstein gegen Krankheit und Zauber. Fördert Wachstum und Aufbau. Bei Depressionen trage eine K.nkette um den Hals.

Kunzit: *Fische, Waage*. K.wasser hält deinen Kreislauf in Schwung. Nützlich gegen Minderwertigkeitsprobleme und Hemmungen. Hilfreich auf dem spirituellen Pfad.

Lapislazuli: *Schütze*. „Königsstein" gegen den ➤ BÖSEN BLICK und zu Heilzwecken. Stärkend für Hals, Kehlkopf und Stimmbänder. Verhilft zu gesunder, voller Haarpracht. Als Freundschaftsstein ideal zum Verschenken.

Malachit: *Stier, Steinbock*. Zieht negative Energien aus dem Körper. Tröstet bei Liebeskummer, weckt das Verständnis für die Natur und den Partner.

Mondstein: *Krebs, Fische*. Mag. Stein der Frauen und Glücksbringer der Familie. Bei Menstruationsbeschwerden und während der Schwangerschaft sowie bei der Entbindung. Er ist der ultimative Stein der Liebe und der Liebenden.

Moosachat: *Stier, Zwillinge*. Glücksstein der Gärtner, Bauern und Spieler. Wirksam bei Infektionen und Fieber, stärkt die körperliche Abwehrkraft. Warnt durch die Veränderung seiner Farbe vor falschen Freunden.

Nephrit: *Krebs*. Kräftigt und heilt die Nieren, auch gegen Blasenentzündungen und andere Beschwerden der Ausscheidungsorgane.

Obsidian: *Skorpion*. Wahrsagestein der ➤ MAYA. Bei Sehschwäche, Verspannungen und Durchblutungsstörungen (kalte Füße u. Hände). Meditationsstein für die Seele. Konfrontiert mit ungelösten Konflikten.

Olivin (auch **Peridot** oder **Chrysolith**): *Krebs*. Schützt vor bösen Zaubersprüchen und Dämonen. Wirkt entgiftend, regt die Lebertätigkeit und Galle an, schützt vor Austrocknung und vor Warzen. Hilft, Ärger und Wut abzubauen.

Onyx: *Steinbock*. Bei Wunden, Ohrerkrankungen, Sehschwächen. Leitet negative Energien ab, fördert Selbstbewusstsein und Durchsetzungsvermögen. Eingravierte Zaubersprüche verstärken die Wirkung des Steines.

Opal: *Krebs, Fische*. „Der Götterstein" des Glücks und der Hoffnung. Fördert die Gesundheit, speziell Herz, Magen und Verdauung. Wirkt harmonisierend und schenkt Lebensfreude. Der schwarze O. soll Depressionen lindern.

Perle: *Krebs, Fische*. Schmuck der Könige und Kaiser. Bewahrt vor Unheil, hält Sorgen fern und schenkt Schönheit, Liebe und hohes Alter.

Pyrit („Katzengold"): *Für alle Sternzeichen*. Goldmacherstein der Alchemisten des Mittelalters. Beeinflusst das Blut, die Lymphe und überhaupt den gesamten Organismus positiv, wirkt schmerzlindernd und bei Erkältungen. Achtung! P. nur kurze Zeit auf der Haut tragen, da er schwarzes Eisensulfid absondert und es zu Hautreizungen und Abfärbung auf die Kleidung kommen kann!

Rauchquarz: *Waage, Steinbock*. Starker Schutzstein. Schmerzlindernd und krampflösend. Wirksames Mittel (z. B. als Edelsteinwasser) bei Niedergeschlagenheit und Depressionen.

Rhodochrosit: *Stier.* Liebesstein der Indianer. Bei chron. Migräne. Vermittelt eine positive Lebenseinstellung, regt deine Intuition und Kreativität an.

Rhodonit: *Stier.* „Reisestein" der Römer. Hilft ausgezeichnet zur Wundheilung. Hast du Schulstress und Ärger? Dann trage einen R. bei dir.

Rosenquarz: *Stier, Waage.* Der sanfte „Stein der Liebe". Wirkt schmerzstillend und gegen schädliche Strahlung. Gut für Liebes- und Freundschaftszauber. Unterm Kopfkissen hilft er gegen Liebeskummer und Einschlafschwierigkeiten.

Rubin: *Löwe, Widder.* „Stein des Eros". Rubin stärkt Milz, Nieren, Herz und Kreislauf.

Saphir: *Fische, Stier* (blau), *Zwillinge* (gelb), *Waage* (Sternsaphir). Wirkt fiebersenkend, appetitanregend, ist gut für Nerven und Schilddrüse.

Sarder: *Skorpion.* „Stein des Feuers". Starker Heilstein (S.wasser!) bei Geschwüren, zur Regulierung von Leber, Galle und Blutdruck. Bei Konzentrationsschwäche und zur Festigung der Partnerschaft (gute Geschenkidee!).

Silber: *Krebs.* Verstärkt die Heilkraft anderer Steine. Unterstützt Diäten und lindert Magenübersäuerungen. Hilfreich für psychisch schwache Menschen.

Smaragd: *Stier, Krebs.* Stein der Isis und des Merkur. Zur Verjüngung und Schönheit. Hat keimtötende Eigenschaften, stärkt die Sehkraft, wirkt heilend bei Entzündungen der Atemwege und stärkt Herz- und Immunsystem.

Sodalith: *Schütze, Jungfrau.* Bei Beschwerden von Hals und Stimmapparat (z. B. Heiserkeit). Schenkt Selbstvertrauen, inspiriert künstlerisch. Bei Ängsten und Schuldkomplexen lege dir einen gereinigten Stein unters Kopfkissen.

Speckstein: *Steinbock.* Zu Cremes verarbeitet hautpflegend, heilend und verjüngend. Persönlichkeitsfördernd, gibt den richtigen Push in Schule und Beruf.

Tigerauge: *Jungfrau.* Gegen den ➤ BÖSEN BLICK und Verhexung. Wirkt hemmend auf den Energiefluss und schmerzlindernd. Deswegen nie länger als eine Woche tragen. Ideal auch bei Depressionen und in schwierigen Lebenslagen.

Topas: *Wassermann* (blau), *Löwe, Zwilling* (Goldtopas). Alter Heil- und Schmuckstein. Regt Stoffwechsel und Verdauung an und stärkt die Nerven. Fördert Selbstverwirklichung, Offenheit und Weisheit.

Türkis: *Wassermann, Fische*. Schutzstein der Indianer. Gegen negative Schwingungen, bei Hals- und Lungenerkrankungen. Gut bei Kommunikationsproblemen, Stimmungsschwankungen und Stimmungstiefs. Türkis gibt total neue Power!

Turmalin: *Widder, Skorpion* (rot), *Waage* (blau, rosa), *Steinbock* (grün, schwarz). Wirkt bei Schmerzen, Krämpfen und Gleichgewichtsstörungen. Grüner T.: zum Selbstschutz. Schwarzer T.: gegen schwarze ➤ MAGIE, Eifersucht, Neid, Schutz vor Elektrosmog. Rosa u. roter T.: für Mitgefühl und Kontaktfreudigkeit. Blauer T.: für geistige Freiheit und Treue.

Zirkon: *Stier* (hell), *Schütze* (blau). „Stein des Friedens". Besänftigt Zorn und Hass. Ideal bei Menstruationsbeschwerden. Regt Leber und Galle an, wirkt krampflösend. Fördert hellsichtiges Träumen.

MAGISCHES REZEPT:

EDELSTEIN-ZAUBERWASSER

Die Herstellung ist ganz einfach. Nimm einen gereinigten Glasbehälter und fülle ihn mit sauberem Wasser. Als Edelstein wähle am besten einen unbehandelten, vorher gereinigten Stein (Druse, Kristallspitze o. ä.). Nimm den Stein in die Hand, und sprich einen positiven Zauberspruch (➤ WORTE*) auf das Wasser, z. B.* ***„Möge die Kraft des Steines auf das Wasser übergehen und Glück und Heilung bewirken."*** *Dann setze den unbehandelten Edelstein hinein, und lasse das Ganze über Nacht (ca. 24 Std.) stehen. Am nächsten Tag kann das Wasser getrunken werden. Die am häufigsten verwendeten Edelsteine hierfür sind:* **Bergkristall**, **Rosenquarz** und **Amethyst.**

Eine **EINWEIHUNG** wird auch Initiation genannt, von (lat.) „initium" = Anfang. Der Begriff bezeichnet u. a. eine mit Ritualen verbundene Aufnahme in einen mag. Orden oder eine ähnliche Gemeinschaft. Grade der E. gibt es in vielen Traditionen. Sie ereignen sich auf unterschiedliche, manchmal auch ganz natürliche Weise.

EKSTASE, von (gr.) „ecstasis“ = heraustreten, Verlagerung von seinem Platz. E. wird durch bestimmte mag. Techniken, Versenkung oder durch Drogen herbeigeführt. In diesem Zustand entstehen Prophezeiungen, Visionen und unmittelbare Verbindungen zu Gott, Gottheiten und Geistern.

ELEMENTALE oder **ELEMENTARGEISTER,** Wesenheiten oder Dämonen, die in der Magie als Geister und Naturkräfte angerufen und dienstbar gemacht werden. Im ➤ OKKULTISMUS ordnet man sie den vier ➤ ELEMENTEN zu. **Feuer:** Salamander, **Luft:** ➤ SYLPHEN, **Wasser:** Nymphen oder Undinen, **Erde:** ➤ GNOME, Zwerge und Kobolde. Auch Sexualgeister wie ➤ INKUBUS und ➤ SUKKUBUS werden dazu gezählt. Nach dem Magus ➤ DASKALOS sind E. auch Gefühle, Gedanken und Gedankenformen, die der Mensch aussendet.

ELEMENTARWESEN sind nach der ➤ ESOTERIK und ➤ THEOSOPHIE umherirrende, unerlöste Seelen von Verstorbenen, die sich von ihrem göttlichen Geist getrennt haben.

ELEMENTE sind in der Naturwissenschaft chemisch genau definierte Stoffe. In Magie und Esoterik jedoch, ursprünglich aus der griech. Philosophie kommend, beschreiben die E. (➤ ERDE, ➤ WASSER, ➤ FEUER, ➤ LUFT und ➤ ÄTHER) geistige Eigenschaften bzw. Prinzipien.

ELFE, von (lat.) „albus“ = weiß, hell; auch Elbe oder Albe genannt. Wie die Feen sind sie die Hüter(innen) und Helfer(innen) im Pflanzen- und Tierreich. In der ➤ EDDA kommen weiße Elfen des Lichts und schwarze Elfen der Finsternis vor. Nach isländischen Sagen sollen sie von *Evas* Kindern abstammen. Elfen lieben Musik und tanzen gerne. Sie versammeln sich auf bestimmten Plätzen. Für Menschen sind sie kaum sichtbar. In der ➤ MYTHOLOGIE heißt der König der Elfen *Alberich*.

ENCHIRIDION, von (griech.) „en“ = in + „kheir“ = Hand. Damit wurde anfangs allgemein ein Lehrbuch, später auch ein Zauberbuch der Magie bezeichnet. Das E. des Papstes ➤ LEOS III. enthält geheime Gebete, z. B. gegen Hexerei, Zauberei, Besessenheit u. a.

(© 1995 *Sol Universal*)

ENGEL sind himmlische Geistwesen, die als Mittler zwischen Gott und den Menschen auftreten. Das Wort E. stammt vom Griech. „ángelos“ und Lat. „angelus“ ab und bedeutet „Bote, Gesandter“. Die Namen der E. wie *Gabriel, Michael* usw. enden alle mit der Silbe „el“, welche im Hebr. bzw. Sk. „Gott“ bedeutet. Erst später bildete sich, möglicherweise unter pers. Einflüssen, eine E.lehre heraus. Die sieben Erzengel des AT sind *Uriel, Rafael, Ragiel, Michael, Zerachiel, Gabriel und Remiel*. Vom 5. Jh. n. Chr. an, nach einer

Aufstellung des Mystikers *Dionysius Areopagita*, kennt man in der christl. E.lehre (=Angelogie) neun Klassen. Von der obersten bis zur untersten lauten sie: **1. Seraphim, 2. Cherubim, 3. Throne, 4. Herrschaften, 5. Gewalten, 6. Mächte, 7. Fürstentümer, 8. Erzengel, 9. Engel.** In der klassisch-mag. Arbeit spielen diese vier Erzengel eine wichtige Rolle:

1. **GABRIEL** = „Die Macht Gottes". Erzengel der Botschaften, der Stärke und unendlichen Liebe.

2. **MICHAEL** = „Wer ist wie Gott?" Erzengel der Kraft, des Schutzes und der Gerechtigkeit.

3. **RAFAEL** = „Der Arzt Gottes". Erzengel der Luft, des Trostes und der Heilung.

4. **URIEL** = „Mein Licht ist Gott". Erzengel des Lichts und der Sternenwelt.

Im ➤ KORAN werden neben *Gabriel* und *Michael* noch *Azrael*, der Todesengel und *Azrafil*, der Engel des Jüngsten Gerichts, erwähnt.
Siehe auch ➤ LUZIFER.

ENTSPANNUNG ist eine der Voraussetzungen für Meditation und mag. Übungen. Es macht Spaß, hin und wieder mal so richtig zu relaxen. Alles, was du brauchst, ist lediglich ein bisschen Zeit ...

MAGISCHE ÜBUNG:

ENTSPANNUNGSÜBUNG

(ca. 10-20 Minuten)

Vor jedem mag. Ritual solltest du eine Entspannungsübung machen. Entspannung meint das Loslassen alltäglicher Dinge und die Lockerung des Körpers. Versuche, dich regelmäßig, möglichst schon am Morgen, zwischen dem Aufwachen und Aufstehen, zu entspannen. Horche in deinen Körper hinein! Erspüre, wo sich Verspannungen befinden, und lockere die Stellen durch leichtes Schütteln. Vor allem achte auf bewusstes, tiefes und gleichmäßiges Atmen (mag. ➤ ATEMÜBUNG*). Zur Entspannung kann ruhige Instrumentalmusik hilfreich sein. Versuche nicht, über die Musik nachzudenken. Lass dich einfach von ihr tragen und dich von ihren Schwingungen durchdringen. Wenn Gedanken aufkommen, mache in deiner Vorstellung eine Handbewegung, als würdest du sie leicht wegschieben. Aber achte darauf, dass du nicht einschläfst. Konzentriere dich ganz bewusst auf deinen Atem. Wenn du dich entspannt genug fühlst, beende die Übung, indem du dich reckst und streckst und gähnst wie eine Katze.*

Dem ➤ ELEMENT **ERDE** wird in der westlichen Magie der Norden zugeordnet. Mit der E. lassen sich Begriffe aus der Natur wie Felder, Fruchtbarkeit und Nahrung, alle materiellen Dinge wie Geld, Grund und Boden, Geschäfte, Gebäude usw. in Verbindung bringen. Die Eigenschaften der überwiegend vom Element E. beherrschten Menschen sind: Realitätssinn, handwerkliches Geschick und Bodenständigkeit, aber auch übertriebener Materialismus u. Trägheit. **Tierkreiszeichen:** *Jungfrau, Steinbock, Stier.*

ERLEUCHTUNG ist eine Erfahrung innerer seelischer und geistiger Wahrheit, wodurch ein Suchender seiner Selbsterkenntnis und Vervollkommnung näher kommt. Eigentlich gibt es immer nur Stufen der E., je nach ➤ EINWEIHUNG, spiritueller Entwicklung und Erkennen kosmischer Zusammenhänge. Ein so genannter erleuchteter Mensch weiß sein äußeres Ich mit seinem inneren, göttlichen Ich zu vereinigen. Die Impulse für sein Handeln kommen aus dieser ursprünglichen Quelle.

Das **ESBATFEST** ist ein ➤ WICCA-Feiertag an Vollmond, zu dem sich die Hexen in der freien Natur (meist um Mitternacht) zu ➤ TANZ, Anbetung und mag. Ritual versammeln.

ESOTERIK, von (griech.) „esoterikós" = verborgen, nach innen gerichtet, geheim. Im eigentlichen Sinne ist es eine traditionelle Lehre bzw. Geheimlehre, im Gegensatz zur Exoterik = nach außen gerichtete Lehre. Die E. wurde im Laufe der Zeit leider ein Sammelbegriff für viele kunterbunte spirituelle Richtungen. Jede echte mag. Schule jedoch besitzt auch eine glaubwürdige esot. Lehre. Zur E. zählen im Wesentlichen Bereiche der ➤ ASTROLOGIE, des➤ OKKULTISMUS bzw. der ➤ MAGIE.

EXORZISMUS, Zeremonie, bei der die Mächte des ➤ TEUFELS, der ➤ DÄMONEN oder anderer böser Geister aus Menschen, Tieren oder Orten mittels rel. oder okkulter Rituale ausgetrieben werden. Die röm.-kath. Kirche und christl. Sekten praktizieren dies heute noch, was häufig zu fragwürdigen Ergebnissen, ja sogar zu Todesfällen, geführt hat.

FARBEN haben eine starke mag. Wirkung auf unsere Stimmungen und Gefühle. In der Farbtherapie werden Menschen mit heilendem, farbigem Licht bestrahlt. Auch ➤ GOETHE und ➤ STEINER haben die Bedeutung und Wirkung der F. in ihren Schriften betont. Finde deine eigenen F. heraus. Beobachte in deiner Umgebung, welche Farbtöne dich ansprechen. Welche F. tun dir gut? Erspüre, wo und wie sie auf deinen Körper wirken.

„Farben sind das Lächeln der Natur."

James H. L. *Hunt*

Rot und Blau zählen zu den wichtigsten F. der Magie und eignen sich gut für eine Anfangs- ➤ VISUALISATION. Im mag. Ritual werden die F. folgenden pos. Begriffen bzw. Bereichen zugeordnet:

ROT (Feuer) = Liebe, Leben, Wille, Kraft, Macht, Ideen

BLAU (Wasser) = Unendlichkeit, Geist, Intellekt, Vertrauen, Geduld, Treue

GRÜN (Natur) = Hoffnung, Farbe des Frühlings, Seele, Weisheit, Wachstum

GELB (Luft) = Erleuchtung, Vernunft, Verstand, Konzentration, Heiterkeit

ORANGE (Sonne) = Schöpfung, Evolution, Lebensfreude, Demut, Heilung

VIOLETT = Inspiration, Spiritualität, Meditation, Zurückgezogenheit

SCHWARZ (Erde) = Dämonenabwehr, das Unbewusste, Materie, Verführung

WEISS (Erde) = Reinheit, Unschuld, Herrlichkeit, Geist, Erleuchtung

BRAUN (Erde) = Erde, Nahrung, Besitz, Sicherheit

GRAU (Erde) = Ausdruckslosigkeit, Verdrängung, Stagnation

GOLD (Sonne) = Göttlichkeit, Königtum, Ruhm, Licht

SILBER (Mond/Wasser) = Weiblichkeit, Reinheit, Keuschheit

FASTEN zählt ebenfalls zu den mag. Praktiken. Es dient nicht nur zur Reinigung von Körper, Geist und Seele, sondern macht dich auch sensibler und empfänglicher für spirituelle Wahrnehmung. Und so bringt es dich auch der Erkenntnis und Erfahrung des Göttlichen näher, wie man am Beispiel vieler rel. und mag. Persönlichkeiten sehen kann. Wenn ich zu meinen Seminaren fahre oder mich auf besondere Rituale vorbereite, faste ich meistens vorher. Sinnvoll kann auch ein Teil-F. sein: Z. B. der zeitlich begrenzte Verzicht auf bestimmte Nahrung wie Fleisch, Süßigkeiten, Cola etc. oder andere Genüsse. Das stärkt die Willenskraft. Setze dir dabei ein realistisches Ziel, das du auch einhalten kannst. Doch bevor du fastest, hole erst den Rat eines erfahrenen spirituellen Lehrers ein. Denn F. ohne Kenntnis und genaue Anleitung ist nicht ungefährlich.

FAUST, *engl. Holzschnitt, 17. Jh., die Beschwörung des Teufels durch F. darstellend; aus d. Ausg. von Marlowes F. von 1636 aus: Lexikon d. mag. Künste, H. Biedermann VMA-Verlag Wiesbaden).*

FAUST, Dr. Johann, historisch nicht eindeutig nachweisbare Person des 16. Jh.s. Der „Schwarzkünstler" und kundige Magier ist jedoch Verfasser zahlreicher Werke der Zauberkunst. Sein Geburtsort ist umstritten. Bereits in der Jugend soll er sich mit Magie beschäftigt haben. In einem 1507 geschriebenen Brief ist von F. als einem wandernden Scharlatan die Rede, der den Menschen gegen Entgelt mag. Künste und Wunder versprach. F. soll durch einen ➤ DÄMON namens *Mephisto* einen Pakt mit dem Teufel geschlossen haben, der ihm 24 Jahre lang diente. Dieses Thema hat zum ersten Mal der engl. Dichter *Christopher Marlowe* (1564-1593) in einem Drama behandelt. ➤ GOETHE nannte ihn in seinem mehrstündigen Schauspiel den *Heinrich Faust* und entlässt ihn schließlich aus dem Vertrag mit *Mephisto*. Die Komponisten *Berlioz*, *Gounod* und *Schumann* haben den Stoff zu Opern vertont.

FEEN gehören in der Zauberwelt zu den guten Geistern, die den Menschen freundlich gesinnt sind und ihnen helfen. Sie bewohnen und schützen Flüsse, Seen, Wälder und Berge.

FEDERN repräsentieren das ➤ ELEMENT ➤ LUFT und eignen sich gut als Hilfsmittel für ➤ RÄUCHERUNGEN und als Symbole auf deinem ➤ ALTAR.

FEIERTAGSKALENDER, MAGISCHER, Kaiser *Karl der Große* versuchte, die lat. Namen durch dts. zu ersetzen. In Klammern sind hier jeweils die dts. Bezeichnungen und danach die Namen der Hexenmonate aufgeführt.

Jedem Monat ist ein Zauberspruch zugeordnet. Wiederhole ihn während des jeweiligen Monats so oft wie möglich, und du wirst seinen Zauber erfahren!

JANUAR (Wintermonat/Hartung)

JANUS, der Gott mit den zwei Gesichtern, gab diesem Monat den Namen. Das eine Gesicht blickt auf das alte Jahr zurück, das andere betrachtet bereits das neue Jahr. Er ist auch der Gott der Ein- und Ausgänge und Torwege. „HARTUNG", die altdts. Bez. für Januar, ist der Monat, der die „harte" Kälte bringt.

Mag. Feiertage

2. Januar, NEUJAHRSTAG, Fest der griechischen Göttin HERA
6. Januar, ➤ HEILIGE DREI KÖNIGE und GEBURT DES AION, altägypt. Sonnwendfeier in Alexandria
8. Januar, röm. Fest der JUSTITIA, Göttin der Gerechtigkeit
9. Januar, Fest des JANUS, Gott der Türen und Schwellen

Je nach Stand des Mondes wird der erste Vollmond eines Monats als ➤ ESBATFEST gefeiert. Die Hexen versammeln sich auf einer Lichtung, an einem heiligen Gewässer oder einem anderen geweihten Ort und singen und tanzen zu Ehren der Mondgöttin.

Trauere nicht dem Vergangenen nach, sondern schaue mit Zuversicht in die Zukunft!

Zauberspruch des Monats:

„Möge alles Kommende mich zum Guten hin verwandeln, und mögen meine Wünsche für das neue Jahr in Erfüllung gehen!"

FEBRUAR (Hornung/Hornung)

„Februare" heißt das lat. Wort für reinigen. Im alten Rom wurde alljährlich das Reinigungsfest „FEBRUA", verbunden mit Fasten, gefeiert. In der altdts. Tradition nannte man diesen Monat „HORNUNG", weil zu dieser Zeit die Rehe und Hirsche ihr Geweih, die „Hörner", abwerfen.

Mag. Feiertage

2. Februar, das kelt. Fest ➤ IMBOLC, CANDLEMAS oder das christl. MARIÄ LICHTMESS
14. Februar, ➤ VALENTINSTAG

Jetzt ist die Gelegenheit für dich zu einer Generalreinigung.

Zauberspruch des Monats:

„Mögen meine Kontakte mit Menschen gesegnet sein und ich viel Freude mit ihnen erleben!"

MÄRZ (Lenzmonat/Lenzing)

Der röm. Kriegsgott ➤ MARS gab diesem Monat seinen Namen.

Mag. Feiertage

1. März, Fest der JUNO, röm. Göttin der Fruchtbarkeit
21. März, ➤ OSTARA oder FEST DER FRÜHLINGS-TAGUNDNACHT-GLEICHE
31. März, FEST DER MONDGÖTTIN

Erfahre die Power dieses Monats und nutze sie.

Zauberspruch des Monats:

„Möge die Kraft des Frühlings mir zuteil werden und mir neue Energie, Willen und Tatkraft schenken!"

APRIL (Ostermonat/Ostermond)

Sein Name kommt vom lat. Wort „aperire" = öffnen. Der April öffnet dem Frühling die Tore.

Mag. Feiertage

19. April, CERALIA, Fest der Pflanzengöttin CERES
22. April, FEST der babyl. Mutter- und Fruchtbarkeitsgöttin ISHTAR
Vom 30. April auf 1. Mai, ➤ WALPURGISNACHT oder BELTANE (kelt.)

Öffne dich für Neues und für die Geheimnisse der Natur.

Zauberspruch des Monats:

„Möge ich Verständnis für die Wechselhaftigkeit des Lebens aufbringen und ein magisches Bewusstsein für die Rhythmen der Natur entwickeln!“

MAI (Wonnemonat/Wonnemond)

Der Liebesmonat, geeignet für ➢ LIEBESZAUBER, ist der röm. Frühlingsgöttin *Maja*, Mutter des *Merkur*, gewidmet.

Mag. Feiertage

6. Mai, FEST der kelt. Göttin des Sommeranfangs INGHEAN BHUIDHE
18. Mai (Vorabend), FEST des griech. Hirten- und Waldgottes PAN

Erfreue dich der höchsten magischen Zauberkraft, der Liebe.

Zauberspruch des Monats:

„Möge ich die Herrlichkeit der Natur erkennen und aus ihrer Schönheit und ihrem Reichtum schöpfen!“

JUNI (Brachmonat/Brachet)

JUNO, die Göttin der Ehe, ist Schirmherrin dieses Monats. In der früheren Dreifelderwirtschaft ließ man im „Brachmonat“ oder „Brachet“ die Felder für ein Jahr brachliegen.

Mag. Feiertage

Zwischen 20. und 23. Juni, ➢ SOMMERSONNENWENDE oder JOHANNISTAG
24. Juni, ➢ BALDURSFEUER, auch TAG DER GLÜCKSGÖTTIN und TAG DES SONNENFESTES DER AZTEKEN

Konzentriere dich im Juni auf das Wesentliche.

Zauberspruch des Monats:

„Möge die Kraft der Sonne mich stärken und der Same meiner magischen Arbeit gedeihen!"

JULI (Heumonat/Heuert)

Julius Cäsar, der große röm. Imperator, war der erste Mensch, dessen Name in einem Monatsnamen verewigt wurde.

Mag. Feiertage
10. Juli, TAG DER GÖTTIN ATHENE im antiken Griechenland
13. Juli, FEST DER MADONNA VON FATIMA in Portugal
21. Juli, NEUJAHRSTAG DER MAYAS in Südamerika

Bereite dich auf eventuelle Reisen gut vor und schütze dich.

Zauberspruch des Monats:

„Mögen meine Reisen gut verlaufen und edle Geister mir stets schützend zur Seite stehen."

AUGUST (Erntemonat/Ernting)

Dieser Monat wurde nach *Oktavian*, *Julius Cäsar´s* Neffen so genannt. Er war der erste röm. Kaiser und nahm den Namen *Augustus* an.

Mag. Feiertage
Zwischen 1. und 3. August, ➤ LAMMAS oder LUGHNASADH
11. August, Tag der Koboldmesse in Irland
13. August, HEKATES TAG

Achte besonders auf kritische Situationen und gehe mit deinen Kräften sparsam um.

Zauberspruch des Monats:

„Möge ich Weisheit walten lassen in Zeiten der Anspannung und Krise."

SEPTEMBER (Herbstmonat/Scheiding)

Von (lat.) „septimus“ = der Siebente, nach dem röm. Kalender der siebte Monat im Jahr. Im Altdts. hieß er „SCHEIDING“, weil Sommer und Sonne scheiden.

Mag. Feiertage

1. September, INDRA JATRA, das Fest des Regengottes in Indien
13. September, FEST DER ➤ VENUS
17. September, TAG DER ➤ HILDEGARD VON BINGEN
23. September, ➤ MABON, das Fest der Herbst-Tagundnachtgleiche
29. September, FEST ALLER ➤ ENGEL

Erinnere dich an die schönen Dinge der vergangenen Monate und trage sie mit Dankbarkeit in eine neue Jahreszeit.

Zauberspruch des Monats:

„Möge ich Zufriedenheit lernen und Dankbarkeit zeigen für die vielen Geschenke des Lebens.“

OKTOBER (Weinmonat/Gilbhard)

Von (lat.) „octo“ = acht, nach dem röm. Kalender der achte Monat. „GILBHARD“ heißt er in der altdts. Tradition, weil sich das Laub zu verfärben beginnt.

Mag. Feiertage

4. Oktober, TAG DES FRANZ VON ASSISI und TAG DER TIERE
31. Oktober, Abend vor ALLERHEILIGEN, ➤ HALLOWEEN oder ➤ SAMHAIN

Gelegenheit, die herbstliche Farbenpracht zu bewundern und darüber zu meditieren.

Zauberspruch des Monats:

„Möge ich Veränderungen annehmen, wie immer sie auch aussehen mögen.“

NOVEMBER (Windmonat/Nebelung)

Von (lat.) „novem“ = neun, nach dem röm. Kalender der neunte Monat. Wegen der häufig auftretenden Nebel nannte man ihn altdts. auch „Nebelung“.

Mag. Feiertage

1. November, ALLERHEILIGEN
2. November, ALLERSEELEN
8. November, FEST DER KAMI, Göttin des Küchenfeuers in Japan
16. November, NACHT DER ➤ HEKATE im antiken Griechenland

Gerade in diesen dunklen Tagen tut es Not, in unserem Inneren ein Licht zu erwecken und seine Kraft zu entdecken.

Zauberspruch des Monats:

„Möge ich Einkehr und Stille schätzen und kennen lernen!“

DEZEMBER (Christmonat/Julmond)

Von (lat.) „decem“ = zehn, nach dem röm. Kalender der zehnte Monat. Nach altdts. Tradition wurde im „JULMOND“ das Julfest gefeiert.

Mag. Feiertage

ADVENTSZEIT

21. Dezember, ➤ WINTERSONNENWENDE
24. Dezember, GEBURT JESU CHRISTI, Fest der Liebe
25. Dezember, GEBURTSTAG und FEST DER SONNE bei vielen Völkern. Bei den Römern wurde der Sonnengott *Sol* verehrt. Die Perser feierten den himmlischen Lichtgott *Mithras*, eine Personifikation der Sonne. Bei den Griechen hieß er *Apollo* bzw. *Helios*.
31. Dezember, SILVESTER

Familie, Freunde und Bekannte rücken enger zusammen und erwarten voller Freude eine neue Geburt des Lichts.

Zauberspruch des Monats:

„Möge mir magische Erleuchtung zuteil werden und ich die empfangene Liebe auch an andere Menschen weitergeben.“

FEUER, eines der vier bzw. fünf mag. ➤ ELEMENTE. Schon in den Ur-Religionen hatte es die Funktion, böse Geister und Dämonen abzuwehren. Es diente als Opferfeuer für die Götter und war nützlich als Haus- und Herdfeuer. Die ➤ ELEMENTARGEISTER des F.s heißen Salamander (sie haben jedoch nichts mit den Amphibien zu tun!). F.-Typen besitzen oft eine starke Willenskraft und gutes Durchsetzungsvermögen, sind spontan, mutig und begeisterungsfähig. Auf der anderen Seite neigen sie zu übertriebenem Eifer und können arrogant, ungeduldig und taktlos sein. **Tierkreiszeichen:** *Widder, Löwe, Schütze.*

FLAMEL, Nicolas (ca. 1330-1418), franz. Alchemist (➤ ALCHEMIE) und Künstler. Er behauptete, von einem jüd. Gelehrten die Beschreibung zur Herstellung des ➤ STEINES DER WEISEN erhalten zu haben. Anfang des Jahres 1382 soll er mit seiner Frau erfolgreich Experimente durchgeführt haben, bei dem er Quecksilber in reines Silber und Gold verwandelte.

Ein **FLUCH** ist eine schwarzmag. Formel zur Verwünschung eines Lebewesens und dessen Tun, eines Ortes oder Gegenstandes. Ein Fluch darf nicht unterschätzt werden. Oft schon genügt auch eine abwertende Äußerung, die sich dann wie ein Fluch über den Betreffenden legt, wie z. B.: „Aus dir wird ja nie etwas!“ oder „Du bist haargenau wie dein Vater!“

MAGISCHER TIPP:

Flüche nicht einfach verdrängen, sondern bewusst auflösen!
➤ ABWEHRZAUBER *und Zaubersprüche (* ➤ WORTE) *anwenden*
und Licht und pos. Gedanken aussenden!

Die **FREIMAURER**-Logen sind mystische Männervereinigungen. Trotz intensiver Forschungen liegt der Ursprung der F. immer noch im Dunkeln. Erwiesen scheint, dass die Bewegung weder in Griechenland noch in Ägypten entstanden ist und auch nicht auf die Templer oder die ➤ ROSENKREUZER zurückgeführt werden kann. Die Wurzeln liegen vermutlich bei den Steinmetzgilden zwischen dem 13. und 15. Jh. Im Jahr 1717 wurde die Großloge von London gegründet. Die F., von denen es vielfältige Schattierungen gibt, bestehen aus Logen und Großlogen. Die Grade der ➤ EINWEIHUNG und die ➤ RITUALE unterscheiden sich in den verschiedenen F.logen; doch die ersten drei Grade (Lehrling, Geselle, Meister) sind überall gleich. Zu den Aufgaben und Zielen eines F.bundes gehören Bruderschaft und Toleranz, soziales Engagement und die spirituelle Arbeit an sich selbst. Berühmte F. waren u. a. Friedrich der Große, J. W. von ➤ GOETHE, J. G. Fichte und W. A. ➤ MOZART.

FRÜHLINGS-TAGUNDNACHTGLEICHE, siehe ➤ OSTARA

GANDALF ist ein sehr alter und mächtiger Zauberer. Im „Herrn der Ringe" steht er vor der größten Prüfung seines Lebens: Er muss helfen, den Ring zu zerstören, um die Macht *Saurons* zu brechen.

GARDNER, Gerald, Pseudonym: SCIRE (1884-1964), engl. Schriftsteller und Direktor eines Museums für Magie und Hexerei auf Isle of Man. Er war ein Mitglied des ➤ ORDO TEMPLI ORIENTIS (O.T.O.) und gilt als Begründer des ➤ WICCA-Kults.

GEBET, Anrufung bzw. Dialog mit Gott, einer Gottheit oder einem Geist in Form eines Bitt-, Buß-, Lob- oder Dankgebetes. Dabei begibt sich der Betende in volle Konzentration und mystische Versenkung dem Anzubetenden gegenüber. 1952 wurde in Los Angeles eine Organisation mit dem Namen „Religious Research Foundation" ins Leben gerufen, die es sich zur Aufgabe machte, mit Experimenten an Pflanzen und Tieren die förderliche Wirkung des Gebetes wissenschaftlich nachzuweisen. Dabei ergab sich, dass mit pos. Gebeten besprochene Samen und Pflanzen wesentlich besser gediehen. Bei den Naturvölkern und in manchen Religionen macht man sich diese Gebetstraditionen heute noch zunutze.

GEDANKEN sind machtvolle Kräfte bzw. Schwingungen, die sich schneller als Lichtgeschwindigkeit bewegen können. Jeder Gedanke hinterlässt seine Wirkung, auch in der unsichtbaren Welt. An der Reaktion von ➤ WASSER und Pflanzen kann man dies inzwischen auch wissenschaftlich nachweisen. Sog. Gedankenformen werden von Hellsehern wahrgenommen. Auch soll es Magier geben, die imstande sind, Gedanken auf einen unbelichteten Film zu projizieren. Um seine Gedanken zu mag. Zwecken zu kontrollieren, sind spirituelle Übungen unerlässlich.

So ist der **GEDANKENZAUBER** die Kunst bzw. Disziplin, sich seiner Gedanken bewusst zu werden und sie gezielt zu lenken. Mit dieser Fähigkeit kann man sich mittels bloßer Gedankenkraft mit Menschen per ➤ TELEPATHIE verständigen oder sie auch herbeirufen.

Zu den **GEHEIMSCHRIFTEN** bzw. Geheimsprachen gehört als eine der ersten und rätselhaftesten die Henochische Sprache. Der Magier John ➤ DEE verwendete sie für Beschwörungen mit Geistern, die ihm Botschaften auf Henochisch vermittelten.

GELLER, Uri (*1946), „Superstar der Magie" des 20. Jahrhunderts. Seine mag. Kunststücke werden von Kritikern angezweifelt. G. soll imstande sein, allein mit seiner übernatürlichen Kraft Löffel zu verbiegen, die Zeit von Uhren zu verändern, den Inhalt verschlossener Briefe zu lesen und mit verbundenen Augen Fahrzeuge zu lenken. Uri Geller ist nicht nur ein exzellenter Zauberer, er ist auch ein tiefgründiger, mag. Philosoph. Infos unter: www.uri-geller.com

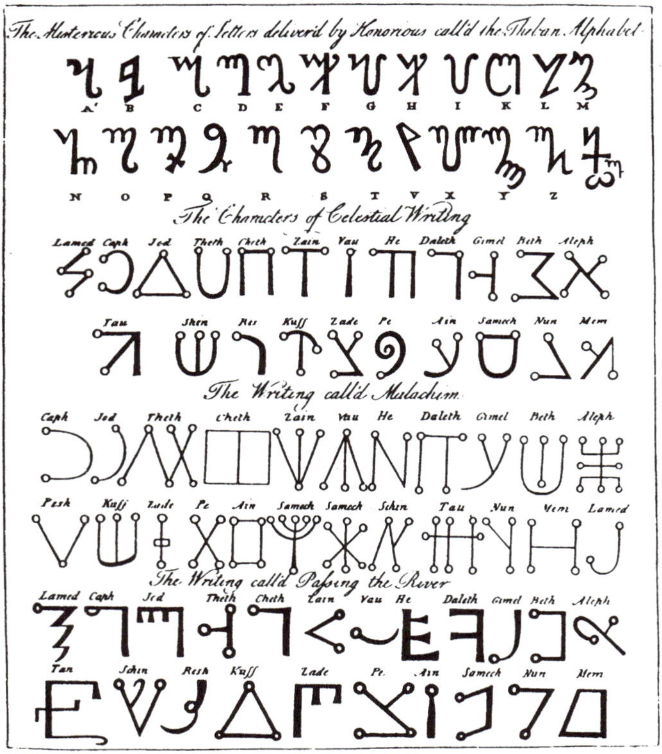

Characteres; vier magische Geheimschriftalphabete, nach Francis Barrett, »The Magus«, 1801 (aus: Lexikon d. mag. Künste, H. Biedermann VMA-Verlag Wiesbaden).

GESANG, schon der biblische *David* konnte den depressiven König *Saul* mit seinem Gesang erheitern und heilen. Singen übt mag. Wirkungen auf Körper, Geist und Seele aus. Das Tönen von Lauten und Singen von ➤ MANTRAS wirkt wie eine Zellmassage. Dabei werden u. a. sog. „Endorphine“, das sind Glückshormone, ausgeschüttet. In meinen Seminaren mit Singen und Tanzen arbeite ich mit dieser Kraft und bin immer wieder erfreut über die wunderbaren Auswirkungen und Ergebnisse bei den Teilnehmern. Siehe auch ➤ MUSIK.

GESPENSTER werden oft als umherirrende Seelen von Ertrunkenen, Selbstmördern oder Ermordeten betrachtet. In der ➤ PARAPSYCHOLOGIE gibt es Phänomene, die inzwischen von engl. Wissenschaftlern erklärt werden konnten. Sie entdeckten eine besondere Art des Schalls, den so genannten Infra-Schall, nicht hörbare Tonwellen im niederen Frequenzbereich. Wind, Erdbeben, Meeresrauschen und Fahrzeuge können demnach diesen Infraschall erzeugen und beim menschlichen Auge Visionen auslösen.

GIBBERISCH, eine Art Zungenreden, intuitives Babbeln, Stottern, Stöhnen mit Vokalen und Silben, die zu keiner Sprache gehören und für den Verstand keinen Sinn ergeben. G. kann zu Ekstase bzw. Trance führen und hat eine befreiende Kraft. Probiert's mal aus!

GLÄSERRÜCKEN. Die Teilnehmer sitzen um einen Tisch. In seiner Mitte steht umgestülpt ein Glas auf einem Kreis mit Buchstaben. Jeder legt seinen Finger auf den Boden des Glases und konzentriert sich. Bei starker Konzentration soll sich das Glas zu verschiedenen Buchstaben hin bewegen und eine Botschaft übermitteln. Ein ähnlicher Zauber ist das ➤ TISCHRÜCKEN.

GLAUBE, etwa an eine allwissende und unbesiegbare Macht, kann große mag. Kraft bzw. Heilkraft besitzen. Vertrauen, volle Konzentration und Aufmerksamkeit auf eine Sache und Hingabe, all das verleiht Stärke. „Glaube versetzt Berge", heißt es in der Bibel. Und der Magier ➤ AGRIPPA sagt, dass, **wenn man sich mit der Intelligenz der Natur verbindet, eine wunderbare Kraft „einfließt". Die Seele erkennt und vermag alles, weil die Dinge ihr schon von Natur aus gehorchen und alles in seinen Wirkungen dem zustrebt, „was sich die Seele am sehnlichsten wünscht".** Wenn Glaube seltsame Formen annimmt, so kann er zum Aberglauben werden. Der Aberglaube entsteht durch die Kraft der ➤ SUGGESTION. Seine extremsten Auswirkungen erfährt er, wenn Menschen glauben, dass durch ein bestimmtes Zeichen oder ein Ereignis etwas absolut sicher eintreffen wird. So glaubte man z. B. in früheren Zeiten von neugeborenen Babies, die schon ungewöhnlich lange Haare hatten, dass diese früh sterben würden. Ältere, unverheiratete Frauen wurden gerade im Mittelalter automatisch zu Hexen abgestempelt und waren damit schon der Hexenverbrennung „geweiht". Was für ein Wahnsinn, dieser ganze Aberglaube. ... (und er spukt heute noch in den Köpfen vieler Menschen)!

Die **GLOCKE** ist ein altes mag. Instrument, das starke Schwingungen freisetzen und außerordentliche Wirkungen hervorbringen kann. In den rel. Kulturen lädt sie durch ihr Läuten die Gläubigen zum Gottesdienst ein. Sie wird seit Urzeiten auch für mag. Rituale eingesetzt. Du kannst den Beginn und das Ende eines mag. Rituals damit einläuten, pos. Kräfte freisetzen und bestimmte Geister sowohl anrufen als auch vertreiben. Wenn du G.n einsetzt, vergiss nicht, sie vor dem Ritual zu reinigen und auf deinem ➤ ALTAR zu weihen. Siehe ➤ WEIHE.

GNOME zählen zu den ➤ ELEMENTARGEISTERN und leben den Sagen und Märchen zufolge unter der Erde, aber auch in den Gärten von Menschen. Sie sind damit beschäftigt, nach edlen Metallen zu graben, mag. Waffen zu schmieden und Schätze zu bewachen.

GOETHE, Johann Wolfgang von (1749-1832) Was hat G. denn mit Magie zu tun? Immerhin ist der größte dts. Dichter der Verfasser des ➤ FAUST, eines zutiefst mag. Werkes. Auch andere Stücke wie „Der Großkophta" (Lustspiel über ➤ CAGLIOSTRO), „Schatzgräber" und „Der Zauberlehrling" oder Balladen wie „Erlkönig" und „Der Fischer" setzen sich mit mag. Themen auseinander. G. war in die Geheimnisse der ➤ KABBALA eingeweiht, besaß zweifellos telepathische Fähigkeiten und konnte auch mit der ➤ WÜNSCHELRUTE umgehen.

GOTTHEITEN von A-Z:

Aion: röm.-griech. Gott der Zeit und des Windes, Herrscher über den Zodiak.
Aphrodite: Griech. Göttin der Liebe und Schönheit, sehr schön, aber ihren Liebhabern permanent untreu.
Apollo: Griech. Gott der Sonne und Fruchtbarkeit, Sohn des *Zeus*. Er war der Tempelgott des Orakels von ➤ DELPHI.
Astarte: Phön. Fruchtbarkeits- und Mondgöttin. Form der großen Göttin.
Aurora: Röm. Göttin der Morgenröte und Mutter der aufgehenden Sonne.
Baal: Phön. Gott der Fruchtbarkeit und Vegetation.
Bacchus: Röm. Gott des Weines, Sohn des *Zeus* und der *Semele*, Gatte von *Ariadne*.
Balder: Nord. Gott des Lichtes und der Weisheit. Sohn von *Odin* und *Hel*.
Brahma: Ind. Gott der Schöpfung und Personifikation von Brahman. Er bildet zusammen mit *Wischnu* und *Schiwa* die Götter-Dreiheit (Trimurti).
Brigid: Kelt. Göttin, Schutzherrin der Dichter, Ärzte und Schmiede. Siehe auch ➤ IMBOLC (Feiertag der Brigid).
Cybele: Röm. Göttin der Mütter und Mutter aller Götter.
Demeter: Griech. Göttin der Landwirtschaft und des Wachstums, „Mutter Erde".
Diana: Röm. Göttin des Mondes.
Dionysos: Griech. Gott des Weines und der Fruchtbarkeit.
Durga: Ind. Göttin der Zerstörung, Gattin *Schiwas*. Sie wird unter verschiedenen Namen verehrt wie *Kali* oder *Parvati*.
Freya: Germ. Göttin der Liebe und Fruchtbarkeit.
Gaia: Griech. Göttin der Erde, Gemahlin des *Uranos*.
Ganesh: Ind., elefantenköpfiger Gott der Weisheit und Literatur.
Hades: Griech. Gott der Unterwelt, Bruder des *Zeus*.
Hekate: Griech. „Große Göttin" der Hexen, der Wegkreuzungen und der Verwandlung. Die Unterwelt war ihr Reich, und sie gilt als Bindeglied zwischen ihrer und unserer Welt. In Griechenland finden ihr zu Ehren teilweise noch Fackelprozessionen statt.
Hel (Holle): Germ. Göttin der Erde und Königin der Totenwelt, wovon

„Frau Holle", eine spätere Märchenfigur, abstammt.
Helios: Altgriech. Gott der Sonne, der später *Apollo* hieß.
Hera: Griech. Göttin der Frauen, der Geburt und der Ehe. Königin der Götter und Himmel, Schwester und Gattin des *Zeus*.
Hermes Trismegistos (griech.) = „Hermes, der dreimal Große", ein Mischwesen aus dem griech. Götterboten *Hermes* und dem Gott *Thot*.
Horus: Lat. Name des ägypt. Gottes *Hor*.
Hor, Gott der Sonne und des Krieges. Er wird dargestellt als eine falkenköpfige Gottheit mit Sonne und Mond als Augen. Das rechte Auge symbolisiert die Sonne (Aktivität und Zukunft), das linke den Mond (Passivität und Vergangenheit).
Ischtar: Babyl. Göttin der Mütter und der Fruchtbarkeit.
Isis: Ägypt. Göttin der Magie und Zauberei, Gattin des *Osiris* und Mutter des *Horus*.
Janus: Röm. Gott mit zwei Gesichtern. Er stellt Eingang und Ausgang dar, Vergangenheit und Zukunft. Namenspatron des Januars.
Juno: Röm. Göttin der Fruchtbarkeit. Namenspatronin des Juni.
Jupiter: Röm. Göttergott, Gott des Donners und des Blitzes. Später mit dem griech. Gott *Zeus* gleichgestellt.
Kali: Ind. Göttin der Schöpferkraft und der Zerstörung.
Krischna: Ind. Gott, Verkörperung *Wischnus*.
Kronos: Altgriech. Gott der Zeit.
Lakschmi: Ind. Göttin der Schönheit.
Lilith: Hebr. Ur-Göttin, die erste Frau *Adams* mit bösem Image. Gilt in manchen mag. Traditionen auch als „Königin der Nacht und der Dämonen".
Mars: Röm. Gott des Krieges und Kampfes.
Neptun: Röm. Gott des Meeres, *Poseidon* gleichgestellt.
Odin (südgerm. *Wodan, Wotan*): Oberster Gott der germ. und alt-

Älteste Frauenskulptur von Lausse, Dordogne, Alter ca. 22 000 Jahre (© 2002 Sol Universal).

nord. Mythologie und König der Asen. Gott des Krieges und der Toten, aber auch der Inspiration, Magie und Poesie. ➤ RUNEN.
Osiris (oder *Usirê*): Ägypt. Gott der Fruchtbarkeit und Wiedergeburt, Sohn des *Geb* und der *Nut*, Zwillingsbruder des *Seth*, Gatte der *Isis* und Vater des *Horus*.
Pan: Griech. gehörnter Gott der Wälder, Hirten und Herden, Sohn des *Hermes*. Von manchen Hexen wird er besonders verehrt.
Poseidon: Griech. Gott des Meeres, Bruder des *Zeus*.
Persephone: Griech. Göttin der Unterwelt, der Wiedergeburt und des Todes.
Pluto: Röm. Name des griech. Gottes der Unterwelt.
Saturn: Altröm. Gott des Ackerbaus, Erntesegens und der Bergleute. Er entspricht dem griech. Gott *Kronos*.
Schiwa: Ind. Gott der Zerstörung und der Milde.
Sol: Röm. Sonnengott bzw. germ. Sonnengöttin.
Sophia: Göttin der Weisheit, die große Ur-Mutter.
Thor (südgerman. *Donar*): Altnord. Gott des Himmels und des Donners, Sohn des *Odin*.
Thot: Ägypt. Gott der Schrift und Magie. Oft als Pavian oder mit dem Kopf eines Ibis dargestellt.
Uranus: Griech. Gott des Himmels („Himmelsvater").
Wischnu: Ind. Sonnengott, Gatte der *Lakschmi*. Von seinen zehn Inkarnationen ist *Krischna* am bekanntesten.
Zeus: Höchster Gott der Griechen, Sohn des *Kronos* und der *Rhea*. Er herrscht über alle Götter und Menschen.

Der **GÜRTEL** (quasi auch ein mag. ➤ KREIS um den Körper), ist ein mag. ➤ WERKZEUG, mit dem die Gewänder bzw. die ➤ ROBE befestigt wird. Du kannst eine Farbe wählen, die dir zusagt oder für dich eine besondere Symbolik hat. Auch das Material ist beliebig, meistens wird eine Stoffkordel dafür verwendet. Der G. wird bei manchen Magiern auch für das Abmessen des Durchmessers eines mag. ➤ KREISES genommen und hat oft mehrere Knoten. Die Abstände zwischen den Knoten sind verschieden und markieren die benötigten Längeneinheiten. Knoten können auch eine spezielle Bedeutung haben, z. B. gespeicherte mag. Energien oder Zustände markieren.

HALLOWEEN (engl.), bei den Hexen ➤ SAMHAIN (= Sommer-Ende) genannt, ist ein kelt. Feuerfest mit einer 5000-jährigen Tradition. Damit zählt es zu den ältesten Festen der Menschheit überhaupt. „All Hallow's Day" (= Alle-Heiligen-Tag) fällt bei uns in die Nacht auf den Feiertag Allerheiligen. In der Samhain-Tradition stellen die Hexen zur Totenverehrung einen Teller mit Essen vor die Tür. Eine Kerze steht im Fenster und geleitet die Toten auf den Weg ins „Land des ewigen Sommers". Im Boden vergrabene Äpfel dienen ihnen als Wegzehrung. In dieser Nacht sprechen die Hexen mit den Verstorbenen und deuten die Zukunft. Gegen eine Opfergabe holten sie sich früher eine Flamme vom großen Feuer für den Herd zu Hause. Du kannst H. bzw. Samhain sowohl als besinnlichen Tag der Ruhe und des Gedenkens an Verstorbene begehen oder auch einen fetzigen Fetentag mit Maskerade und Party daraus machen.

ZAUBER-TIPP!

Es ist cool, sich an Halloween als Hexe, Gespenst o. ä. zu verkleiden, durch die Straßen zu ziehen und zu Hause Partys zu feiern. In den USA gehen die Kinder von Haus zu Haus mit dem Spruch: „Trick or Treat", was so viel heißt wie: „Her mit den Süßigkeiten, oder wir spielen euch einen Streich!"

Die **HANDLESEKUNST** wird auch Chirologie genannt. Sie ist eine äußerst interessante und umfangreiche Wissenschaft und besteht aus zwei Gebieten: der **Chirognomik**, der Lehre vom Ausdruck der Hand, und der **Chirogmantie**, das ist eine Methode des Wahrsagens aus den Handlinien und Handbergen. Traditionell wird bei Rechtshändern aus der linken, bei Linkshändern aus der rechten Hand gelesen. Jedoch lesen heutige Handleser meist aus beiden Händen. Die rechte Hand spiegelt den seelisch-geistigen Bereich, während die linke Hand mehr das Körperliche und die Umsetzung der Anlagen im Leben des Betreffenden zeigt. Die vier Hauptlinien sind die Lebens-, Herz-, Kopf- und Schicksalslinie. Daneben gibt es noch zahlreiche Nebenlinien und Berge.

1. **Lebenslinie:** Sie beginnt zwischen Zeigefinger und Daumen und verläuft bis zur Handwurzel. Eine lange Lebenslinie muss keinesfalls auch ein langes Leben bedeuten. Eine dünne Lebenslinie weist auf eine schwache Lebenskraft hin. Punkte auf der Lebenslinie zeigen Krankheiten und Unfälle an.

2. **Kopflinie:** Sie entspringt an der Lebenslinie und läuft dann mehr oder weniger horizontal über die Hand. Sie heißt deswegen Kopflinie, weil sie durch Beschaffenheit und Verlauf eine Abbildung des Kopfes ist und auf damit verbundene Eigenschaften und Krankheiten hinweist. Eine lange Kopflinie deutet auf Verstand und Intelligenz.

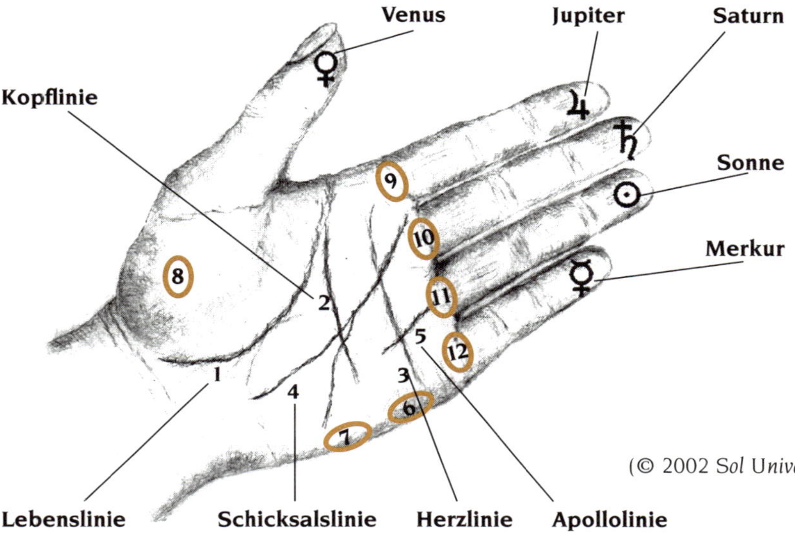

(© 2002 *Sol Universal*)

3. **Herzlinie:** Sie ist die oberste Handlinie und verläuft etwa parallel zur Kopflinie am Fuße der Berge entlang. Das Aussehen der Herzlinie bezieht sich auf das Herz als Organ und seine emotionale Ebene. An der Ausprägung und Länge erkennt man die Herzensqualität eines Menschen.

4. **Schicksalslinie:** Sie läuft vom Handgelenk durch die Handmitte bis zum Saturnberg. Diese Linie kann von unterschiedlicher Prägung sein und hat mit der Reife des Menschen zu tun. Eine klar verlaufende Schicksalslinie drückt Glück, Erfolg und Vitalität bis ins Alter aus.

5. **Sonnen- oder Apollolinie:** Sie beginnt an der Herzlinie und führt bis an die Wurzel des Ringfingers zum Sonnenberg. Ist sie ausgeprägt, weist sie auf Erfolg und Reichtum hin. Eine lange Apollolinie sagt auch aus, dass die betreffende Person kreativ ist und Seelentiefe besitzt.

6. **Marsberg:** Ein stark entwickelter Marsberg weist auf energisches Handeln und Tatkraft hin.

7. **Mondberg:** Ein großer Mondberg zeigt die Fähigkeit zu reicher Fantasie und Kreativität an.

8. **Venusberg:** Ein ausgeprägter Venusberg lässt Gutherzigkeit sowie eine starke Lebens- und Sexualkraft erkennen.

9. **Jupiterberg:** Der Jupiterberg steht für Selbstdarstellung und Persönlichkeitsentwicklung. Bei zu starker Ausprägung besteht die Gefahr der Selbstüberschätzung.

10. **Saturnberg:** Ein gut ausgeprägter Saturnberg markiert Selbstdisziplin und Realitätssinn. Ist er weniger entwickelt, kann dies auf Leichtsinn hinweisen. Ein übergroßer Saturnberg zeigt Neigungen zu Verschlossenheit und Depressionen.

11. **Sonnen- oder Apolloberg:** Seine Themen sind Kunst, Ästhetik und Erotik. Menschen mit einem starken Sonnenberg besitzen meist Ideale und künstlerisches Verständnis. Unausgeprägtheit spricht für nüchternen Materialismus und künstlerisches Banausentum.

12. **Merkurberg:** Er steht für alles, was mit dem Kaufmännischen, mit Organisation und Kommunikation zu tun hat. Ein ausgeprägter Merkurberg ist ein Zeichen für scharfen Verstand und guten Geschäftssinn.

Es gibt auch eine Kunst der **Fußsohlendeutung**, die schon bei den alten Griechen, Indern und Persern verbreitet war.

HELLFÜHLEN, eine der ➤ ASW = AUSSERSINNLICHEN WAHRNEHMUNGEN. Begriff aus der Magie, der die Fähigkeit bezeichnet, einen Umstand oder ein Ereignis mittels Hand, Pendel, Rute oder einer anderen Technik vorauszufühlen. Dies kann z. B. eine Krankheit sein, die Verträglichkeit einer Speise, Medizin oder das Vorhandensein von Wasser.

HELLHÖREN (auch CLAIRAUDIENCE), eine der ➤ ASW, die Fähigkeit Stimmen und Geräusche von Geistern oder Verstorbenen hören zu können. Ein berühmtes Beispiel ist ➤ JEANNE D'ARC, die Stimmen hörte, welche sie u. a. aufforderten, den Franzosen im Kampf gegen die Engländer zu helfen.

HELLSEHEN (auch CLAIRVOYANCE), eine der ➤ ASW, die Fähigkeit, Dinge über Lebewesen, Gegenstände oder Orte vorauszusehen. Dafür bedient sich der Magier gerne eines bestimmten Hilfsmittels, um die Konzentration zu fördern.

HEXAGRAMM (griech.) = das Sechseck. Auch als Davidstern bekannt, der die Nationalflagge Israels schmückt. Das H. ist wichtiger Bestandteil der westlichen Magie und besteht aus zwei übereinanderliegenden Dreiecken, wobei das obere (männliche) Dreieck mit der Spitze nach oben, das untere (weibliche) mit der Spitze nach unten zeigt. Bei manchen Ritualen wird das Hexa-

gramm mit einem Schwert gezeichnet. Diese starken mag. Rituale dienen dazu, die planetarischen Kräfte anzurufen oder zu bannen.

HEXE von (ahd.) „hagzissa“ oder „hagzussa“. Name für ein Wesen, das auf dem Zaun („hag“) sitzt, mit einem Bein in der menschlichen Welt (innerhalb des Zaunes) und mit dem anderen in der Geisterwelt (außerhalb des Zaunes). Hieraus entwickelte sich das Wort H. Die Ursprünge des H.ntums gehen auf das germ. Altertum zurück. Die neuzeitliche Magierin Dolores ➤ ASHCROFT-NOWICKI sagt, dass 90 % der heute lebenden H.n alles andere als böse oder schlecht sind (!). Berühmte Hexen: ➤ CIRCE, H*ekate* (➤ GOTTHEITEN), ➤ MEDEA, im weitesten Sinne auch ➤ HILDEGARD VON BINGEN, nur dass man diese Nonne von solchem Format nicht hinrichten konnte.

MAGISCHES REZEPT:

WINDECKER HEXENSUPPE

Die ultimative Hexensuppe vertreibt ratzeputz alle bösen Geister und bringt die guten Lebensgeister wieder zum Fließen (ideal, wenn eine Grippe im Anzug ist).

Zutaten:
(für 2 Personen)
1 Zwiebel
Olivenöl
1 kleine Dose gehackte Tomaten
200 ml Wasser
Thymian (getrocknet)
1 Brühwürfel
5 Knoblauchzehen, geraspelt
5 getrocknete Chilis
1 Zitrone
Schlagsahne
etwas geriebenen (am besten frischen) Ingwer

Zwiebel in Ringe schneiden und in Olivenöl dünsten. Tomaten dazugeben. Mit 200 ml Wasser aufkochen, Brühwürfel, Thymian, Knoblauch und Chilis dazugeben. Mit Zitrone und Schlagsahne abschmecken. Guten Hexenflug!

(aus der „Magischen Rezeptesammlung“ von Gabriela d'Albert)

Die **HEXENBULLE** war ein von *Papst Innozenz* VIII. (Amtszeit von 1484-1492) verfasstes Schriftstück über Zauberer und Hexen, das der eigentliche Auslöser für die unzähligen Verfolgungen war. In der Bulle klagt er Männer und Frauen aus mehreren dts. Städten an, sich mit Teufeln verbündet und Menschen und Tiere geschädigt zu haben. Am Ende der H. erteilt er den Befehl zur Inquisition (Verhör u. Gericht). Das Grausame dabei war, dass den Inquisitoren alle Mittel bis hin zur Folterung erlaubt waren.

Der **HEXENHAMMER,** lat. „Malleus maleficarum", ist ein schändliches Handbuch der Hexenverfolgung. Es wurde von den Dominikanermönchen und Inquisitoren *Heinrich Institoris* und *Jakob Sprenger* im Jahr 1487 verfasst und diente der Kirche über ein Jahrhundert lang als Gesetzbuch für Hexenprozesse. In den beiden ersten Teilen wird vom Treiben und den Verbrechen der Hexen und der teuflischen Welt der Dämonen berichtet. Der dritte Teil ist eine Anleitung zur Durchführung der Hexenprozesse. Hexerei galt als Abfall vom Glauben und kriminelles Delikt und sollte daher mit dem Tode bestraft werden. – Was verstand man nun damals unter „Hexerei"? Verantwortlich für die verheerende Entwicklung in der Geschichte der Hexen waren das abwertende Frauen- und Weiblichkeitsbild und die Vorstellung einer Bedrohung durch die Hexen. Über Jahrhunderte galt im Christentum die Frau gegenüber dem Mann als ein minderwertiges Wesen. Frauen, die längere Zeit unverheiratet waren, die sich mit Kräutern und Wahrsagerei beschäftigten, wurden der „Hexerei" verdächtigt, weil sie angeblich mit Teufeln und Dämonen in Verbindung standen. Das Hexenwesen wurde von der Kirche mit Satanismus und schwarzer Magie gleichgesetzt. Die Schuld oder Unschuld einer Hexe wurde u. a. mit einer „Wasserprobe" festgestellt: Die Hexe wurde ins Wasser geworfen. Ging sie unter, war sie unschuldig. Trieb sie auf der Oberfläche, wurde sie für schuldig befunden (!).

HEXENBESEN, ein legendäres Fluginstrument, auf dem Hexen gewöhnlich zu ihren Hexensabbaten fliegen. Diese Flugaktion steht (höchstwahrscheinlich) mit halluzinogenen Drogen in Verbindung, welche die Hexen des Altertums verwendeten und sich einbildeten, fliegen zu können.

HEXENSABBATE, siehe ➤ FEIERTAGSKALENDER, MAGISCHER

HEXENVERFOLGUNG, ein trauriges und schauriges Kapitel Hexengeschichte. Es gibt keine genauen Fakten, doch die Zahl der gefolterten und zu Tode verurteilten (angebl.) Hexen und Zauberer soll in die Hunderttausende gehen. Allein im Bistum Straßburg wurden zwischen 1615 und 1635 ungefähr 5000 (!) Frauen verbrannt. Ganze Landstriche wurden damals „entfraut".

Die vier **HIMMELSRICHTUNGEN** werden durch die vier ERZ- ➤ ENGEL und ➤ ELEMENTE symbolisiert, also der Westen von ***Gabriel*** (Wasser), der Süden von ***Michael*** (Feuer), der Osten von ***Rafael*** (Luft) und der Norden von ***Uriel*** (Erde).

H

HILDEGARD VON BINGEN (1098-1179), Mystikerin, Seherin, Äbtissin und Naturforscherin. Sie gilt als eine der bedeutendsten Frauen des Mittelalters. Kaiser und Päpste suchten ihren Rat. H. v. B. wurde als zehntes Kind in Bermersheim bei Alzey in eine begüterte und vornehme Familie hinein geboren. Bereits im Alter von acht Jahren trat das junge, begabte, aber stets kränkelnde Mädchen in eine Klause des Klosters Disibodenberg bei Odernheim ein. Einige Jahre später legte sie ihre Ordensgelübde ab. Sie blieb insgesamt 40 Jahre in diesem Kloster, wurde dort Äbtissin und schrieb ihr erstes Werk „Scivias" („Wisse die Wege"). 1148 ließ sie auf dem Rupertsberg bei Bingen ein neues Kloster errichten. Hier verfasste sie weitere bedeutende Werke über ihre Visionen, die Schöpfung, Theologie, Gesundheit und Ernährung, Edelstein- und Pflanzenheilkunde. Während der Trierer Synode bestätigte *Papst Eugen* III. die Wahrheit der Schriften H. v. B.s. In dieser Zeit entstanden auch ihre Kompositionen, das Mysterienspiel „Ordo Virtutum" und 77 Lieder. Ihr Schaffen zeugt von einer erstaunlich ganzheitlichen Weltsicht und einer großen Kenntnis und Verehrung der Schöpfung. Im Jahr 1165 erwarb sie ein Kloster in Eibingen bei Rüdesheim, wo sie 1179 starb.

HINDUISMUS, von (pers.) „hind" = Indien; die 3. Phase des Brahmanismus und als Weltreligion überwiegend im ind. u. indones. Raum verbreitet. Im H. ist *Brahma* der höchste Schöpfergott und bildet zusammen mit *Wischnu*, dem Erhalter, und *Schiwa*, dem Zerstörer, die Götter-Dreiheit „Trimurti". Die Essenz des H. ist unter anderem die ➤ KARMA-Lehre, ein Konzept von Ursache und Wirkung, wovon schließlich auch die Weiterentwicklung (➤ INKARNATION) der Seele abhängt.

Hexenbesen (aus: Das neue Lexikon der Esoterik, M. Roberts, Zsolnay Verlag, Wien).

HOKUSPOKUS, Zauberwort in der ILLUSIONS➤ MAGIE. Man nimmt an, dass es von einer Abänderung des christl. Ausspruchs „Hoc est corpus meum“ (= Dies ist mein Leib) aus dem Gottesdienst stammt.

HORUSAUGE, auch UZAT oder UDJAT, berühmtes heiliges Symbol der Weisheit, das in Ägypten sehr beliebt war. Wichtiges Zeichen auch für Hexen und Magier: Es gilt als Schutzzeichen gegen dämonische Angriffe und den ➤ BÖSEN BLICK, als alles sehende Macht des *Horus* und kosmische Einheit. In den Gräbern der Ägypter fand man Tausende dieser Uzat-Augen. Auf manchen altägypt. Bildern sind häufig zwei H.n abgebildet. Eines symbolisiert die Sonne, das andere den Mond. Man findet das H. häufig auf ➤ AMULETTEN oder Schmuckwaren. Auch heute ist es wieder „in“.

»Magisches Zeichen mit Horusauge«
(Zeichnung nach altägyptischer Vorlage,
© 2002 *Sol Universal*).

HOUDINI, Harry (1874-1926), einer der berühmtesten Zauberer der Neuzeit. Zunächst arbeitete er weltweit sehr erfolgreich als Magier und Entfesslungskünstler, der sich von Stricken und Handschellen befreien konnte. Später beschäftigte er sich ernsthaft mit Philosophie und Spiritismus. Er deckte auf diesem Gebiet zahlreiche Schwindeleien auf und verfasste mehrere Bücher darüber. Gegen Ende seiner Karriere zeigte er mit seinen Bühnenshows offen, wie man spiritistische Betrügereien entlarvt.

HYPNOSE, nach dem griech. Gott des Schlafes benannt, der ➤ TRANCE ähnlich, durch fremde ➤ SUGGESTION bewirkt. Es ist ein dem Schlaf ähnlicher Zustand, bei dem der Hypnotiseur jedoch immer noch Einfluss hat.

MAGISCHER TIPP:

Hypnose ist nix für mag. Experimente! Sie sollte nur von erfahrenen Hypnotiseuren, Psychotherapeuten oder Ärzten ausgeübt werden.

TAE YU, *Besitz Reichtum. Ein Wunsch geht in Erfüllung.*

I-GING (sprich: I-tsching), uralte Wahrsagemethode und Weisheitslehre aus China (ca. 1000 v. Chr. oder älter). Es bedeutet wörtlich übersetzt: „Das Buch der Wandlungen“ und gliedert sich in 64 Hexagramme, die jedoch nichts mit dem geometrischen und mag. Symbol ➤ HEXAGRAMM zu tun haben. Es gibt verschiedene Methoden, unter anderem die des Ziehens von Stäbchen. In China warf man getrocknete Schafgarbenstängel. Sehr verbreitet ist die Verwendung von drei Münzen. Sie werden sechsmal hintereinander wie Würfel auf den Tisch geworfen. Man notiert, wie oft Kopf oder Zahl kommt und ordnet das Ergebnis nach einem bestimmten System den durchgehenden oder durchbrochenen Linien zu. Auf diese Weise bildet sich (von unten nach oben) ein Hexagramm, dessen Entsprechung man auf einer Tafel der 64 Hexagramme finden kann. In einem I-Ging-Buch oder in meinem Buch **MAGISCHE RITUALE** findest du deren Bedeutungen. Dies ersetzt jedoch nicht das eigene Nachdenken, z. B. was dir dieses Hexagramm sagen kann, und die notwendige Auseinandersetzung mit dir selbst.

IMBOLC, (sprich: Im-bulk) oder CANDLEMAS ist ein altes kelt. Fest am 2. Februar, das mit dem christl. Fest Mariä Lichtmess und manchmal auch schon mit Karneval zusammenfällt. Das Wort stammt vom gälischen Wort „oimelc“ = Milch des Mutterschafs. Man feierte das Fest der milchgebenden Schafe. Aus diesem Anlass wurde auch die Saat geweiht und die landwirtschaftlichen Geräte gesegnet. I. ist B*rigid* bzw. B*irgit*, der Göttin der Dicht-, Schmiede- und Heilkunst gewidmet. Das Lichtfest am Ende des Winters lädt zum Feiern ein. In der Hexentradition werden auch neue Einweihungen und Aufnahmen in den ➤ KONVENT vorgenommen. I. lässt Kräfte des Wachstums und der Entfaltung frei. Feiere mit Lyrik, Gesang und Tanz!

INKARNATION. Menschwerdung, Verkörperung, wörtlich „Fleischwerdung“. So sprechen die Christen bei ➤ JESUS CHRISTUS von der Menschwerdung Gottes. In der Magie bzw. im Okkultismus ist damit auch die Lebensdauer eines Menschen gemeint.

INKUBUS, ein männlicher Geist oder Dämon, der (mit „gewissen“ Absichten) nachts Frauen in ihren Schlafzimmern aufsucht. Das weibliche Gegenstück dazu ist ein ➤ SUKKUBUS.

ISLAM, (arab.) heißt sinngemäß: Frieden finden durch Eingebung in den Willen Gottes. Vom Propheten ➤ MOHAMMED gestiftete Weltreligion. Der wesentliche Inhalt des I. sind die so genannten 5 Säulen: 1. Bezeugen des Glaubensbekenntnisses („Kalima“), 2. Verrichten des Ritualgebetes („Salat“), 3. Fasten im Monat Ramadan („Saum“), 4. Zahlen der Armensteuer („Zakat“), 5. Vollziehen der Pilgerfahrt nach Mekka („Hadsch“).

JAHRESZEITEN spielen eine wichtige Rolle in der mag. Praxis. Sie verhelfen uns zu einem tieferen Verständnis des Lebens und der Lebensalter. Die entsprechenden Feste der J. (siehe ➤ FEIERTAGSKALENDER) laden zu Zeremonien und Ritualen ein. Die vier J. können mit den vier Hauptabschnitten des menschlichen Lebens verglichen werden. So steht der **Frühling** mit der Geburt und dem Aufwachsen des Kindes in Verbindung, der **Sommer** mit dem Heranreifen, Erwachsenwerden, der Ernte und Fülle des Lebens, der **Herbst** mit dem Dank und Älterwerden und der **Winter** mit dem Lebensende und dem Tod. Das ist auf jeden Fall eine ➤ MEDITATION wert, versuch's mal!

JAHWE, (hebr.) der Name Gottes bei den Juden und als Name in der zeremoniellen Magie gebräuchlich. Er ist gleichbedeutend mit *Jehova, Adonai* und *Elohim*. JHVH geschrieben ist es das heilige Tetragrammaton, bestehend aus den vier hebräischen Buchstaben: Jod, He, Vau und He. Bei den gläubigen Hebräern war es so heilig, dass es nie ausgesprochen, sondern beim Lesen durch *Adonai* ersetzt wurde.

JEANNE D'ARC (1412-1431), die „Jungfrau von Orléans", Nationalheldin Frankreichs und „heilige Hexe". Als 16-Jährige bekam sie Eingebungen von Engeln, die ihr u. a. auftrugen, die französische Armee im Kampf gegen die Engländer anzuführen und sie bei Orléans und in anderen Schlachten zu besiegen. Sie scheiterte jedoch in Paris, wurde in Compiègne gefangen genommen und von den Burgundern an die Engländer verkauft. Im Jahre 1431 verbrannte man sie bei lebendigem Leibe auf dem Marktplatz von Rouen wegen Gotteslästerung, Hexerei und Tragens von Männerkleidern (!). 1456 widerrief der König das Urteil mit einem sog. „Ehrenrettungsprozess", und die Kirche sprach sie 1920 sogar heilig.

»Der Hexenschlaf« von Albert Keller, 19. Jh. (aus: Lexikon der Esoterik, Seehammer Verlag).

JESUS, hebr. „Jeschua“ = bei Gott ist Heil. Auf der Grundlage der Botschaft des Propheten J. von Nazareth hat sich das Christentum entwickelt. Der Name J. wird seit alters her zu mag. Zwecken verwendet und bannt Teufel und Dämonen. Auch J. selbst hatte mit Magiern zu tun. Die Weisen aus dem Morgenland waren Magier, so genannte „magi“. Sie folgten dem Stern von Bethlehem, um das neugeborene Kind willkommen zu heißen. Johannes der Täufer, der auch in der myst. Tradition der Weisen stand, taufte bzw. weihte J.ein. Somit reiht sich J. in die Kette der Propheten (seit *Adam*) ein, und man kann ihn auf Grund seiner mag. Taten (Wunder u. a.) durchaus auch als einen Magier bezeichnen.

JUDENTUM, die Gemeinschaft und Religion der Juden. Grundlage des J.s bildet das Alte Testament, vor allem die Thora (5 Bücher Mose) und die Bücher der Propheten. ➤ JAHWE bzw. *Jehova* ist ihr alleiniger Gott. Die gläubigen Juden hoffen auf das Erscheinen des Messias und die Errichtung des Friedensreiches.

JULFEST, Fest der Wintersonnenwende (zwischen 21. und 23. Dezember). Die Wiedergeburt des Sonnengottes aus der Erdgöttin. Vor allem in den skandinavischen Ländern lebt die Tradition des J.es bis heute noch weiter. Aus diesem Anlass werden Scheite aus Eichen- oder Eschenholz aufgerichtet und schön dekoriert, um das Julfeuer zu entzünden. Es wird auch als ➤ ORAKEL verwendet, indem man Münzen oder Samen ins Feuer wirft, was Glück und Fülle bringen soll. Die Asche des Julfeuers wird auf die Felder gestreut, um Fruchtbarkeit zu bringen oder dem Vieh ins Futter gemischt, um es zu schützen.

MAGISCHER TIPP:

Das Julfest lässt sich wunderbar mit dem Weihnachtsfest verbinden, und der Tannenbaum kann gleichzeitig der traditionelle Julbaum sein. Auch ich feiere mit Frau und Kindern in dieser Zeit ein universelles Licht- und Liebesfest, bei dem wir die spirituellen Traditionen u. Religionen der Welt mit Texten, Liedern u. Tänzen ehren.

JUPITER, 1. Röm. Göttergott.
2. Größter Planet unseres Sonnensystems und nach der Venus der zweithellste Stern am Himmel. Er steht für Selbstbewusstsein, Glück, Erfolg und Macht. **Metall:** Zinn. **Tierkreiszeichen:** *Fische, Schütze.*

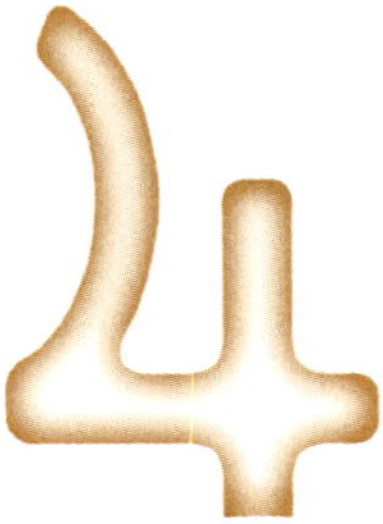

KABBALA: (hebr.) = mündliche Überlieferung, Enthüllung, Offenbarung. Die K. ist die Geheimlehre göttlicher Offenbarungen und ein Zweig der jüd. Mystik. Sie ist eines der wichtigsten Gebiete der Magie und hat großen Einfluss auf Magier aller Zeiten ausgeübt. Die K. wurde nach den Rabbis (= jüd. Gelehrte) von den Engeln im Auftrage Gottes an auserwählte Menschen übergeben. Sie besteht aus zwei Hauptwerken, deren Autorschaft und Entstehungszeit jedoch nicht genau bestimmt werden kann: Der „Sepher Jezirah“ (Buch der Schöpfung) entstand wahrscheinlich im 6. oder 7. Jahrhundert n. Chr. in Mesopotamien. Das Buch „Sohar“ (Buch des Glanzes) ist das Hauptwerk der K. und wurde vermutlich von dem span. Mystiker *Moses (ben Schem tov) de León* nach alten Quellen des 3. Jahrhunderts um 1280 geschrieben. Die zwei Bücher der K. beschäftigen sich im Wesentlichen mit dem allmächtigen Schöpfergott und seiner Verbindung zu den Menschen, beschreiben die Geheimnisse und versteckten Botschaften hebr. Texte des AT und die Entstehung der Welt aus der Verbindung der zehn Sephiroth des ➤ BAUMS DES LEBENS mit den 22 Buchstaben des hebr. Alphabets.

KAHUNA-MAGIE, hawaiianische Tradition der Heilung, Wissenschaft und Magie.

KARMA, (Sk.) = Tat; Konzept von Ursache und Wirkung menschlicher Taten. Das K. ist eng verknüpft mit der Vorstellung von Wiedergeburt.

Der **KELCH** ist ein mag. ➤ WERKZEUG und dem Element ➤ WASSER zugeordnet. Er symbolisiert die Göttin, das weibliche, empfangende Prinzip, Fruchtbarkeit, Gefühl, Intuition, Vision und den Heiligen Gral. Er besteht meist aus folgenden Materialien: Messing, Ton, Speckstein, Kristall, Gold oder Silber (bitte kein Plastik verwenden!). Die wichtigste Funktion des K.s ist das Aufnehmen und Formen von Flüssigkeiten. Er dient in der Magie u. a. der Weihe von Wasser oder anderer Getränke, die während des Rituals eingenommen werden. In manchen Zeremonien findet er Verwendung für Umwandlungsprozesse wie z. B. die Wandlung im Gottesdienst der kath. Kirche. Die Wandlung von Brot und Wein in Leib und Blut Jesu Christi ist ein tief mag. Prozess. Zu Zwecken des ➤ HELLSEHENS wird der K. quasi als mag. Spiegel benutzt. Der Magier stellt eine Frage und schaut so lange auf die glatte Oberfläche der K.flüssigkeit, bis er daraus eine Antwort erhält. Des Weiteren kann der gefüllte Kelch für Einweihungen und Heilrituale eingesetzt werden. Pos. Gedanken und Empfindungen, heilsame Energien lässt der Magus bei ➤ EINWEIHUNG und Heilung in den Kelch einfließen.

Ihr braucht einen ultimativ-kultigen Drink für eure Meetings? Hier ist er: Der „Drachenblut-Punsch“! Auch bestens geeignet als Krafttrunk für angeschlagene Hexen und Magier:

ZAUBER-REZEPT:

DRACHENBLUT-PUNSCH

Du benötigst:

1 Apfelsine
1 Limone
0,7 l Holundersaft
2 Prisen Muskatblüte oder 1 geriebene Muskatnuss
1 Vanilleschote
2 Teelöffel braunen Zucker
3 Nelken
1 kleine Prise Pfeffer (wer sich traut, nimmt Chili statt Pfeffer!)

Apfelsine und Limone schälen und die Limonenschalen aufbewahren. Alle Zutaten miteinander vermischen und in einen Topf geben. Anwärmen, nicht kochen! Durch ein Sieb abgießen und in den Kelchen anrichten. Die Kelche an den Rändern mit den Limonenschalen verzieren.

(aus der „Magischen Rezeptesammlung“ von Gabriela d'Albert)

Die **KELTEN** setzten sich aus indogerm. Volksstämmen zusammen, die einst süd- und westdts. Gebiete bewohnten und sich nach und nach über ganz Westeuropa bis nach Irland und in die Türkei ausbreiteten. Ihre Religion war ein Fruchtbarkeitskult. Sie verehrten Tiere, Bäume und Flüsse. Die K. liebten das Leben im Einklang mit der Natur, doch sie brachten ihren Göttern auch Menschenopfer dar. Die ➤ DRUIDEN waren die rel. Oberhäupter der K., die verschiedene Ämter wie Priester, Richter, Magier und Barden bekleideten. Germanen und Römer vernichteten schließlich das K.reich, und die kelt. Religion musste der christl. weichen. Im Gälischen und Walisischen sind noch sprachliche Reste und volkstümliche Bräuche der K. erhalten.

KERZE, wichtiger Gegenstand für den mag. Alltag. Eine brennende K. symbolisiert das spirituelle innere Licht der Führung, die ➤ ERLEUCHTUNG und das Element ➤ FEUER. Die Atmosphäre rings herum verändert sich mit ihr. Je nach Gestaltung deines Rituals ziehst du mit einem K.nritual Geistwesen an oder vertreibst sie.

Im Kerzenzauber, zur Erreichung nachstehender Ziele, nimm folgende Farben:

GRÜN:
Für Erfolgs- und Geldzauber, Rituale der Heilung und zur Stärkung deiner Ziele.

ROT und ROSA:
Für Liebes- und Partnerschaftszauber, zum Energietanken (rot) und um eine freundliche, gastliche Atmosphäre zu schaffen (rosa).

BLAU:
Heilungs- und Glücksrituale.

VIOLETT und LILA:
Schutzzauber, Meditationen und geistige Übungen.

GELB:
Für Erleuchtungszauber, zur Entspannung und vor Prüfungen.

WEISS:
Für Friedenszauber, Reinigungsrituale, Meditationen und um Klärung herbeizuführen.

BRAUN:
Haus- und Heimzauber, Heilungs- und Segnungsrituale für Tiere.

SCHWARZ:
Für Schutzzauber und zur Dämonenabwehr.

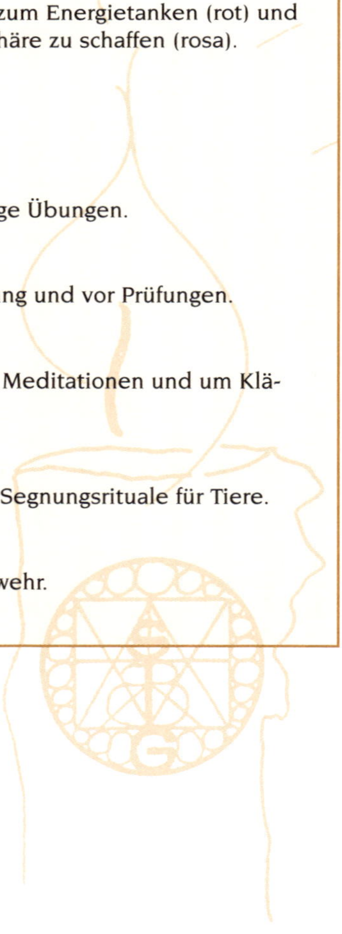

Kerze mit Glückssigille
(© 1996/2002 *Sol Universal*).

K

MAGISCHE TIPPS:

VORSICHT BRENNENDE KERZE! *Schneide mit einem Dochtschneider oder einer kleinen Schere hin und wieder den Docht deiner Kerzen kürzer, damit sie nicht rußen oder große Flammen schlagen, was die Stimmung stört und obendrein noch gefährlich ist.*

Achte darauf, dass du für die Kerzen immer eine feuerfeste Unterlage hast und keine brennbaren Dinge in der Nähe der Kerzen stehen oder etwa in die Flammen ragen.

Lasse Kerzen niemals unbeaufsichtigt und vermeide Zugluft.

ACHTUNG! *Kerzen werden im mag. Ritual niemals ausgepustet, sondern auf sanfte Weise gelöscht (z. B. mit einem speziellen Kerzenlöscher).*

Der **KESSEL** ist ein typisches Hexenwerkzeug und erfüllt ähnliche Funktionen wie der ➤ KELCH. Auch in ihm findet eine zauberische Umwandlung statt. Die Hexen sehen im K. das Symbol der Göttin, der Weiblichkeit, Fruchtbarkeit und des Wassers. Im ➤ WICCA-Kult steht er häufig im Mittelpunkt des Rituals. Er ist vielseitig verwendbar: Zum Kochen und Brauen, als (Wasser-) Behälter für frische Blumen, als Feuerquelle oder Räucherkessel.

KONTEMPLATION, von (lat.) „con" = zum und „templum" = Tempel. Eine Form der ➤ MEDITATION. Sie ist eine nach innen gerichtete Betrachtung bzw. Versenkung in eine Idee oder Vorstellung. Das eigene Ich wird aus seinen Begrenzungen emporgehoben zum „höheren Tempel".

KONVENT (oder COVEN), von (lat.) „con" = zusammen und „venire" = kommen. Gruppe von Hexen oder Mitglieder einer mag. Loge.

KONZENTRATION, von (lat.) „con" = zusammen und „centrum" = Mittelpunkt. Sammlung und Bündelung, bei der die Aufmerksamkeit auf einen bestimmten Gegenstand oder ein geistiges bzw. göttliches Symbol gerichtet ist. Hier eine für die mag. Praxis unerlässliche Übung. Sie wird dir helfen, einen „mag. Baustein" zu erwerben (*siehe Seite* 74).

MAGISCHE ÜBUNG:

STUFE 1

KONZENTRATIONSÜBUNG

1. ➤ ENTSPANNUNGSÜBUNG *mit ruhigem Atmen.*
2. BETRACHTEN: *Wähle ein* ➤ SYMBOL, *eine schlichte Zeichnung (z. B. das* ➤ PENTAGRAMM) *oder einen einfachen Gegenstand (z. B. eine Blumenvase). Betrachte dieses Objekt ca. fünf Minuten intensiv. Sinne nach über seine Größe, Form und Farbe. Versuche, möglichst alles zu erfassen, was diesen Gegenstand ausmacht. Beobachte, wie lange deine Gedanken ohne Unterbrechung auf dieses Objekt gerichtet sein können.*
3. VORSTELLEN: *Nun schließe die Augen und versuche, dir diesen Gegenstand genau vorzustellen. Sei nicht entmutigt, wenn es dir nicht auf Anhieb gelingt. Hier hilft nur beständiges Üben.*

Diese Übung reicht für den Einstieg. Praktiziere sie (möglichst täglich!) über einen Zeitraum von einigen Wochen. Sobald diese Übung gelingt, kannst du die ➤ SYMBOLE, *Zeichnungen bzw. Gegenstände wechseln.*

STUFE 2

ERWEITERUNG DER KONZENTRATION

Nun ist deine Kreativität gefragt: Du kannst die vorhergehende Übung erweitern, indem du deinen Gegenstand mit geschlossenen Augen veränderst, z. B. in Farbe, Form und Größe. Du kannst ihn verdoppeln und vervielfachen, ihn wenden und drehen.

STUFE 3

Jetzt zauberst du deinen Gegenstand an einen anderen Ort oder an mehrere Orte nacheinander.

STUFE 4

Die letzte Stufe nennt man auch **DEKONZENTRATION**, *das meint ein allmähliches Auflösen oder Auslöschen des Gegenstandes. Ein hilfreiches Bild hierfür ist das Feuer. Lasse deinen Gegenstand einfach bildlich abfackeln! Kehre dann Stufe für Stufe wieder zurück zu deinem Ausgangsobjekt, dem Gegenstand der ersten Übung. Öffne langsam die Augen und beschließe, die Übung mit einem* ➤ GEBET *oder* ➤ ZAUBERSPRUCH.

KORAN, (arab.) = das oft Gelesene, die Rezitation; das heilige Buch des ➤ ISLAM und die Offenbarungen ➤ ALLAHS (Gottes) an den Propheten ➤ MOHAMMED durch den Engel Gabriel. Bestimmte K.verse werden auch zu Heilritualen und Meditationen eingesetzt, auf ➤ AMULETTE graviert und auf Nahrung und andere Gegenstände gesprochen. Siehe auch ➤ BESPRECHEN.

Was hat es nur mit diesen **KORNKREISEN** auf sich? Bis heute sind nahezu 1000 (!) dieser „Wunderwerke" dokumentiert. Die ersten Muster aus niedergedrücktem Getreide tauchten im Jahr 1979 in England auf. Weitere folgten dann in den USA, Kanada, Dänemark, Russland und Deutschland. Sofort glaubten UFO-Fans an außerirdische Wesen, die Kontakt mit der Erde aufnehmen wollten. Ein wahrer Mega-Kult entwickelte sich daraus. Überall, z. B. auf Esoterik-Messen, wurden wundersame K.-Essenzen angeboten. Tatsächlich glaubten viele an Botschaften intergalaktischer Intelligenzen. Später schloss man atmosphärische Wirkungen (Plasmawirbel) nicht aus. Doch dann kam man der Sache nach und nach auf die Spur: Anfangs waren es zwei Pensionäre, später zumeist Jugendliche, die auf raffinierte Art und Weise solche Kunstwerke fabrizierten. Inzwischen wurden weltweit zahlreiche Kornkreiskünstler entlarvt, die sogar Hubschrauber verwendeten, so dass es schwer fällt, eine „außerirdische Schöpferkraft" dafür verantwortlich zu machen. Trotz allem gibt es immer noch einige nicht aufgeklärte Fälle. Nun ja, das hat es mit den Kornkreisen auf sich ...

KRAFTORT, ein alter Kultort, ein Steinkreis, eine Heilquelle, ein Wunderbaum, eine alte Kirche, ein Hexenberg – es gibt sie noch, die heiligen Orte der Kraft. An solchen K.en wurden häufig christl. Kirchen errichtet. Diese K.e wurden oft mit ➤ PENDELN oder ➤ WÜNSCHELRUTEN ausfindig gemacht. An einem K. können wir uns mit dessen Ur-Energie verbinden, uns in tiefe Meditation versetzen, in die Vergangenheit abtauchen, Menschen und Geistern früherer Zeiten begegnen, Inspirationen erhalten und neue Kraft schöpfen. Sicher gibt es auch einen K. für deine speziellen mag. Rituale in deiner Nähe ...

Der **KREIS,** eines der wichtigsten Zeichen in der Magie. Er symbolisiert Unendlichkeit, Universalität und Göttlichkeit. Mit einem Punkt in der Mitte, wie beim astrologischen Zeichen, symbolisiert der Kreis die Sonne.

KREIS, MAGISCHER, wichtiger Bestandteil mag. Handlungen, zum Bannen und Beschwören von Geistwesen, zum Schutz bei Ritualen und Zeremonien. Durch den mag. K. baut sich ein starkes Kraftfeld auf. Er wird auch auf dem Boden des Tempels bzw. des mag. Ortes eingraviert. Übrigens, in der Natur kommen mag. K.e natürlicherweise z. B. als sog. Hexenringe aus Pilzen vor.

MAGISCHE ÜBUNG:

ZIEHEN DES MAGISCHEN KREISES

Du benötigst: Kreide, Holzkohle oder Gegenstand zum Ziehen des Kreises: einen Hexendolch (➤ ATHAME) oder ein geweihtes Messer.

*Zünde eine Kerze an, vielleicht auch etwas ➤ RÄUCHERWERK. Ziehe den mag. Kreis immer im Uhrzeigersinn. Beim Ziehen eines mag. Kreises hast du mehrere Möglichkeiten. Falls durchführbar, zeichne ihn mit Kreide oder Holzkohle auf den Boden. Es ist aber auch möglich, ihn mit Athame oder Messer anzudeuten. Wenn du keinen der besagten Gegenstände zur Verfügung hast, zeichne den Kreis mit der Hand. Dann wende dein Gesicht nach Osten und grüße von dort der Reihe nach alle vier Himmelsrichtungen (Osten, Süden, Westen, Norden) mit der ➤ ANRUFUNG. Der letzte Satz der Anrufung lautet: **„Keine negative Kraft des Kosmos kann je diesen Kreis durchdringen!“** Dann führe dein eigentliches mag. ➤ RITUAL durch. Zum Schluss drehe dich noch einmal von Osten nach Norden und löse den Kreis auf mit den Worten: **„Ich danke den Kräften der vier Himmelsrichtungen. Der Kreis ist nun aufgehoben.“***

Das **KREUZ** ist eines der ältesten Symbole der Menschheit, dessen Ursprung bis in die Steinzeit zurückreicht. Etwa ab dem 5. Jh. n. Chr. wurde es zum markanten Symbol der christl. Religion. Es steht nicht nur für Leiden, sondern auch für Vollkommenheit, Leben, Freude und Auferstehung.

Die **KRISTALLKUGEL** oder Glaskugel wird von einem ➤ MEDIUM zur Steigerung der Konzentration, zur Unterstützung von Visionen und Erkenntnissen oder zur Wahrsagerei verwendet. Der Praktizierende begibt sich durch Fixierung auf die K. in eine tiefe ➤ TRANCE, formuliert eine Frage und wartet auf Bilder, die ihm Antwort geben. Wer es ausprobieren möchte, kann auch eine mit Wasser gefüllte kugelrunde Glasvase für diese Zwecke nehmen. Allerdings solltest du bei dieser Technik den fachkundigen Rat einer Hexe oder eines Magiers einholen.

LAMEN, von (franz.) „lame“ = Blech, Platte; ein mag. ➤ WERKZEUG und Symbol, meist eine mit mag. Zeichen verzierte Platte aus Metall, Messing oder Gold. Der Magier trägt es als Brustschurz, zur Stärkung und zum Schutz seines Herz-➤ CHAKRAS. Es dient manchen Magiern auch zur Geisterbeschwörung.

LAMMAS, Hexenfest (1. bzw. 2. August), auch bekannt als Lughnasadh, Augustabend oder Brotfest. Es ist das erste traditionelle Erntefest und wird mit Korn, Garben und Brot gefeiert. Es gilt auch als Fest des Reichtums. L. ist ein geeigneter Zeitpunkt für Erfolgs- oder Freundschaftszauber.

FETEN-TIPP:

Schmücke deinen ➤ ALTAR *mit Ernte-Gaben aus der Natur und feiere mit deinen Freunden ein Fest zu Ehren der Mutter Erde. Nach der Segnung der Gaben könnt ihr anschließend ein herrliches Essen zubereiten.*

Die **LAMPE** (auch Laterne) kommt in manchen esot. und mag. Traditionen als mag. ➤ WERKZEUG vor und symbolisiert das ewige Licht, die Erleuchtung des Magiers und seine Verbindung zur ➤ TRANSZENDENZ.

LEO III., Papst (795-816), Verfasser des berühmten Zauberbuches ➤ ENCHIRIDION.

LÉVI, Eliphas (1810-1875) alias Alphonse Louis Constant. Berühmter franz. Magier, Okkultist und Schriftsteller. Nach seiner Definition hat Magie absolut nichts mit schwarzer Magie zu tun, sondern gründet vielmehr auf der abendländischen Tradition und hat ihre Wurzeln in der ➤ KABBALA, der jüd. Mystik. L. hat über 200 Werke verfasst, u. a. die „Geschichte der Magie“.

LEVITATION, von (lat.) „levitas“ = Leichtigkeit. Damit wird die Aufhebung der Körperschwere und das Schweben des Körpers bezeichnet.

Die höchste Magie ist ... na, was meinst du wohl? ... jawoll, hundert Punkte, ganz klar: die
LIEBE! Wenn du wissen willst, wie du sie mag. nutzen kannst, dann entdecke beim ➤ LIEBESZAUBER die tollsten Geheimnisse! Aber pass auf, was du da herbeizaubern willst. Es ist nicht witzig, jemandem den Partner auszuspannen. Dafür ist der Liebeszauber nicht gedacht!

Mit einem **LIEBESZAUBER** signalisierst du einer geliebten Person mag. deine Zuneigung und Liebe. Wenn dein Zauber wirken soll, muss dein Wille stark, deine Konzentration gebündelt und deine Absicht fair sein! Bedenke, dass du durch den L. in das Leben eines anderen Menschen eingreifst und ungewollte Dinge auslösen kannst. Also überlege dir vorher gut, ob und wie der L. nützen kann. Keinesfalls aber solltest du mit einer solchen Technik einen Menschen schädigen. Auch kannst du niemanden gegen seinen Willen zum Liebesglück zwingen. Vorsicht auch vor illustren Geistern wie ➤ SUKKUBUS und ➤ INKUBUS u. a., die du mit einem Liebeszauber anziehen kannst. Daher schütze dich vor einem Liebeszauber mit einem Zauberspruch!

EROTISCHE TRÄUME

Bevor du dich abends schlafen legst, betrachte das Bild deines Lovers und träufle einige Tropfen des Lieblingsparfums deines Freundes oder deiner Freundin auf dein Kopfkissen. Du wirst wunderschöne Träume mit ihm/ihr haben!

Willst du ein sinnliches Liebesbad allein oder gemeinsam nehmen, dann schau unter ➤ BAD, MAG. nach. Für weitere Anwendungen zum Liebeszauber siehe auch bei ➤ ZAUBERKRÄUTER unter Brennnesseln und Schafgarbe und bei ➤ EDELSTEINE unter Rosenquarz, Beryll u. a. nach.

EIN LIEBESREZEPT:

PASTE SEXBOMB
(Vorsicht!)

Zutaten (für 2 Personen):

1 Esslöffel gehackte frische Petersilie
1 Esslöffel gemahlener Koriandersamen
2 Teelöffel gehackte Korianderblätter
Liebstöckel
2 Knoblauchzehen
2 Esslöffel Olivenöl
Mit Shoyu und Kräutersalz würzen
Zitronensaft je nach Geschmack
Alles miteinander vermischen und als Paste aufs Brot o. zum Salat servieren.

(aus der „Magischen Rezeptesammlung" von Gabriela d'Albert)

LITHA, die Sommersonnwende. Sie ist der Zeitpunkt des längsten Tages und der kürzesten Nacht (21. Juni). Die Kraft der Sonne ist auf ihrem Höhepunkt. Hexen entzünden das Sonnwendfeuer und ehren Gott und Göttin und die Fruchtbarkeit der Natur. An diesem Fest wirken Zauber jeglicher Art besonders gut. Schmücke deinen Altar mit bunten Blumen und Gegenständen der Liebe.

In der **LOGE,** einem separaten Raum eines Kinos oder Theaters, hast du vielleicht schon mal gesessen. In der Magie ist damit aber eine Vereinigung von Gleichgesinnten gemeint, die sich zu Ritualen und Zeremonien zusammenfinden.

Die **LUFT** ist eines der fünf Elemente und wird in der Magie dem Westen zugeordnet. Luft-Typen sind ideenreich, beweglich und kommunikativ, können aber auch flatterhaft, unverbindlich und leichtsinnig sein. Zu den Elementargeistern der Luft gehören die ➤ SYLPHEN. **Tierkreiszeichen:** *Waage*, *Wassermann* und *Zwilling*.

LUZIFER (lat.) = Lichtträger; zum einen der Name des Morgensterns ➤ VENUS, zum anderen häufig auch die Bezeichnung für den ➤ TEUFEL, Satan oder „Fürsten der Hölle“. Doch nicht in allen Traditionen kommt er als Personifizierung des Bösen vor. In der christl. ➤ MYTHOLOGIE war er ursprünglich ein Erzengel, der sich jedoch gegen Gott auflehnte und aus dem Himmel geworfen wurde. In der Magie des Eliphas ➤ LÉVI und in der ➤ THEOSOPHIE gilt er als Engel der Erkenntnis, Erneuerung und Erleuchtung.

MABON, Fest der Tagundnachtgleiche (21. Sept.), das bedeutet, dass Tag und Nacht gleich lang sind. Es ist ein uraltes Ernte- und Dankfest für mag. Rituale. Wicca-Hexen feiern an diesem Tag das „Fest der zweiten Ernte". Es ist nach dem kelt. Sonnenkönig *Mabon*, Sohn der Erdenmutter, benannt.

**Das Ziel der Magie ist
die Rückkehr des Menschen zu Gott.**

Israel Regardie

MAGIE von (altpers.) „magug", einer Bezeichnung altpers. bzw. medischer Priester. Das Wort M. ist mit (ver)mögen verwandt und bezieht sich auf die indogerm. Wörter „magh" und „megh" (können, vermögen). Die M. ist ein ursprünglich auf die Weisen der Antike beschränktes Geheimwissen. Die Priester der „Mager" übten die Religion des ➤ ZARATHUSTRA aus. Der erste bedeutende griech. Historiker *Herodot* (484-ca.425 v. Chr.) berichtet von den „Magern" als den Weisen, die Träume deuteten und in Astrologie und Magie bewandert waren. Sie gehörten einem mystischen Orden an, für den Reinheit und Naturverehrung oberste Gebote waren. Man kann sie als Bindeglied zwischen den Schamanen der Urzeit und den vielfältigen mag. Kulturen der aufkommenden Zivilisation sehen. Auch die legendären Weisen aus dem Morgenland, die den neugeborenen ➤ JESUS von Nazareth besuchten, waren Magier.
Magie ist der Begriff für alle bewusste und unbewusste Einwirkung auf Materie, Geist und Seele mit esot. Mitteln (➤ ESOTERIK). Ein klassischer Magier also greift mit bewusster Beherrschung seiner Kräfte in die Geschehnisse der Welt ein und führt Veränderungen herbei, und zwar mit pos. Absichten. Schon der Magus ➤ AGRIPPA VON NETTESHEIM brachte in seinen 1510 erschienenen „Magischen Werken" eine klare Definition hierfür: „Ein Magier bedeutet, wie jeder Gelehrte weiß, keinen Zauberer, keinen Abergläubischen, keinen, der mit bösen Geistern in Verbindung steht, sondern einen Weisen, einen Priester, einen Propheten."

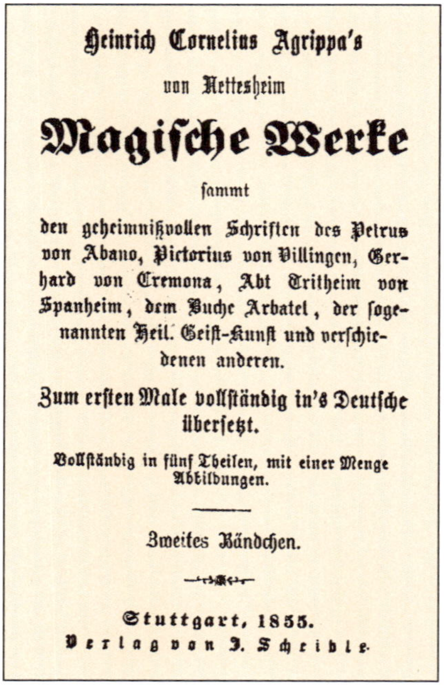
Heinrich Cornelius Agrippa's
von Nettesheim
Magische Werke
sammt
den geheimnißvollen Schriften des Petrus von Abano, Pictorius von Villingen, Gerhard von Cremona, Abt Tritheim von Spanheim, dem Buche Arbatel, der sogenannten Heil. Geist-Kunst und verschiedenen anderen.
Zum ersten Male vollständig in's Deutsche übersetzt.
Vollständig in fünf Theilen, mit einer Menge Abbildungen.
Zweites Bändchen.
Stuttgart, 1855.
Verlag von J. Scheible.

Wenn Magie negative Formen annimmt, Menschen bewusst Schaden zugefügt wird, sie mit Worten oder Taten verletzt oder unterdrückt werden, kann man von Schwarzer (oder destruktiver) Magie sprechen. Sie missachtet das höchste Gut des Menschen: seinen freien Willen, seine Würde. Wer die Schwächen, Ängste, Schuldgefühle, Unwissenheit anderer zu seinem eigenen Vorteil ausnutzt, betreibt **SCHWARZE MAGIE**. Und diese fällt nach dem Gesetz von Ursache und Wirkung auf den Verursacher zurück. Dies bedeutet letztlich: Selbstzerstörung. Im **BUCH DER MAGIE** findest du eine Reihe von Möglichkeiten, dich zu schützen. Die **WEISSE MAGIE** dient guten und weisen Zwecken und hat pos. Folgen für dich und deine Umwelt (Heilung, Glück, Gnade, Freundschaft etc.). Rudolf ➤ STEINER sagt: „Der weiße Magier will den anderen Seelen das geistige Leben geben, das er in sich selbst trägt." Der Begriff M. unterscheidet sich daher wesentlich von Zauberei oder Illusion.

Die drei Hauptgruppen des Begriffs MAGIE

Damit sich „die Geister klar voneinander scheiden", teile ich das Gebiet der Magie in drei Hauptgruppen auf, nämlich in die

- MÄRCHENMAGIE,
- ILLUSIONSMAGIE und
- KLASSISCHE MAGIE.

Natürlich können die Übergänge oft fließend sein. Die Heilkraft z. B. der Mistel-Pflanze ist als sehr wirksam bekannt. Die Zauberkräfte, wie bei *Asterix* und dem Druiden *Miraculix* geschildert, kann sie allerdings nicht verleihen. Da haben wir also beides vertreten: Märchenmagie und einen Hinweis auf die klassische Magie.

MÄRCHENMAGIE

Wenn im Märchen „Froschkönig" die Prinzessin den Frosch an die Wand klatscht und er in einen Prinzen verwandelt wird, wenn **Harry ➤ POTTER** mit seinem Besen in schwindelerregende Höhen entsteigt, wenn im **„Herrn der Ringe"** die Ringgeister mit ihren Pferden aus dem Nichts auftauchen, wenn die Halliwell-Schwestern aus **„Charmed"** die Zukunft wie einen Film abspulen (*Phoebe*), Menschen erstarren (*Piper*) oder durch die Luft fliegen lassen (*Prue*), dann hat das gewiss mehr mit Märchen als der Realität zu tun. Doch diese Märchen arbeiten mit einer starken Symbolik, und darin liegt letztlich auch die Wirkung ihrer wunderbar mag. Kraft. Wenn es auch keine ➤ VAMPIRE geben sollte (man weiß ja nie ...), dann gibt es mit Sicherheit Menschen, die andere körperlich und geistig aussaugen. In Partnerbeziehungen ist das oft der Fall, vielleicht hast du das ja selbst schon einmal erlebt.

ILLUSIONSMAGIE
Wie der Name schon sagt, ist sie eine Technik der Illusionen, d. h. der Trugbilder und Sinnestäuschungen und hat mit der klassischen Magie nur wenig zu tun. Vertreter der Illusionsmagie sind Taschenspieler und Bühnenzauberer, die mit Tricks arbeiten, aber auch Spiritisten, die mit fiktiven Geistern, Gespenstern und Hexen in Verbindung stehen. Manchmal schaue ich mir Videos von *David Copperfield* u. a. Illusionisten an. Bei allem Respekt vor den meisterhaft inszenierten Shows und dem faszinierenden technischen Aufwand, irgend etwas lässt mich da unerfüllt. Ist das wirkliche Magie? Früher stand ich auch einem Uri ➤ GELLER sehr skeptisch gegenüber. Er erregte einige Zeit mit PSI-Phänomenen wie Löffelverbiegen und Uhrenverstellen großes Aufsehen. Heute allerdings lese ich interessante esot. Beiträge von Uri und staune, wie er sich mehr und mehr zu einem Magier mit Tiefgang entwickelt hat.

KLASSISCHE MAGIE (Weiße Magie)
Im **BUCH DER MAGIE** soll vorrangig die klassische und damit weiße Magie zu Wort kommen, wobei ich aber keine bestimmte Schule oder spezielles Glaubenssystem vertrete. **Geistige Freiheit** ist das oberste Gebot dieses Buches. Klassische Magie hat nichts mit irgendwelcher geheimnisvollen Zauberei oder Verschwörung mit dunklen Mächten zu tun. Wirkliche Magie verfolgt edle Zwecke und Ziele. Sie steht in der Tradition der altpers. Hohenpriester und Weisen, die ihre Rituale in guter Absicht und zu Heilzwecken ausübten. Mit dem Ausdruck „klassisch" ist ein Begriff gemeint, der die Merkmale einer „ausgereiften geistig-mag. Meisterschaft" kennzeichnet.

MAGUS (Mz.: Magi). Das Wort „magus" (altpers.) = Wissender. Es lässt sich wortgeschichtlich zurückführen auf den medischen Volksstamm der „Mager". Ursprünglich war er ein zoroastrischer Priester. Heute ist es die Bezeichnung für einen Magier, der mit den natürlichen Kräften rituell arbeitet (mit ➤ ELEMENTEN, ➤ ELEMENTARGEISTERN, verschiedenen Energien, Schwingungen, Gegenständen und Wörtern).

Herz-Mandala (© 2000 *Sol Universal*).

MANDALA (Sk.) = Kreis; wird auch übersetzt als „das Wesen erfassen". Das M. ist eine geometrische Zeichnung und symbolhafte Form der Meditationshilfe. Es hat seinen Ursprung im ➤ HINDUISMUS und ➤ BUDDHISMUS und ist dort ein Sinnbild des Kosmos und der Macht der Götter. Die Formen der M.s begegnen uns überall im Alltag, ob in der Sonnenblume, im Kristall, in einem Spinnennetz, einer Muschel, in Sonne, Mond und Sternen. M.s fördern die schöpferische Fantasie und die Konzentration. Sie werden auch in der Heiltherapie mit Erfolg eingesetzt.

MANTIK, von (gr.) „mantis" = Prophezeiung. Sammelbegriff für alle Künste des Wahrsagens. So werden viele Begriffe des Wahrsagens mit der Endung „-mantie" gebildet z. B. ➤ CHIROMANTIE (Handlesekunst), Geomantie (Lesen aus der Erde und Wissenschaft von den Kraftströmen der Erde), Astragalomantie (Wahrsagen mit Würfeln), Aeromantie (Weissagung aus der Luft), Hydromantie (Zukunftsdeutung aus dem Wasser) u. a.

MANTRA oder **MANTRAM,** von (Sk.) „man" = denken, Geist und „tra" = Werkzeug, Mittel, bewirkende Kraft. Das M. ist eine heilige Silbe, ein kraftgeladenes, mag. Wort oder eine Formel. M.s sind Energieformen aus Klangschwingungen, die ihren Ursprung in schöpferisch göttlichen Quellen haben. Zu persönlichen Zwecken wird es oftmals von einem spirituellen Meister an den Schüler gegeben. Mit der regelmäßigen Wiederholung eines M.s bist du in der Lage, deinen Geist zur Ruhe zu bringen. M.s schenken dir mehr Energie, Lebensfreude, Konzentration, Liebesfähigkeit und Kreativität. Bei längerer Praxis („Mantramieren") kannst du eine Stufe erreichen, wo das M. wie automatisch in dir spricht. Einige Beispiele: OM (hind./buddh.), SCHALOM (jüd.), HALLELUJA (christl.), ALLAH (suf./islam.) In meinem Buch **MAGISCHE RITUALE** findest du eine ausführliche Anleitung zur Mantra-Praxis und ein großes Register von Mantras.

MÄRCHEN, volkstümlich überlieferte Erzählungen, in denen die Grenzen zwischen der Wirklichkeit und dem Fantastischen aufgehoben sind. In ihnen kommen Geister, Dämonen, Hexen, Zauberer und andere Wesen vor. In den M. sind die Personen und Orte überwiegend frei erfunden im Gegensatz zur ➤ SAGE. M. vermitteln ursprüngliche Bilder und Weisheiten.

Märchen (Quelle: Notenheft 1894, Schotts Söhne).

MARS, 1. Röm. Kriegsgott.
2. Hell-rötlich strahlender Planet, etwa halb so groß wie die Erde. In der Magie wird ihm die Farbe Rot, das Metall Eisen, vom Wesen her Kampf, Aggression und Wille zugeordnet.
Tierkreiszeichen: *Widder, Skorpion.*

MASKEN, Gesichtsverhüllung zu mag. und rel. Kulthandlungen. Sie haben die Funktion, dass der Träger in die Rolle eines angerufenen Geistes oder Gottes schlüpft oder/und dadurch böse Geister und Dämonen vertreibt.

MAYA, 1. (Sk.) = Illusion, Täuschung. Dieses Wort bezeichnet die illusionäre Erscheinungswelt, gleichzeitig aber auch die real existierende Welt. Die uns „real“ erscheinende Welt wird im ➤ HINDUISMUS und ➤ BUDDHISMUS als M. bezeichnet.
2. Indian. Hochkulturvolk mit esot.-mag. Wissen, das bis vor 1200 Jahren zu Millionen Mittelamerika (Yucatán) bewohnte und urplötzlich ausstarb. Die M. hatten erstaunliche astronomische, kalendarische und medizinische Kenntnisse und verfügten angeblich über prophetische Gaben. Nach neuesten wissenschaftlichen Forschungen soll das Volk der M. durch eine große Dürre vernichtet worden sein. Da stellt sich natürlich die Frage: Wenn sie in die Zukunft blicken konnten, hätten sie nicht ihren eigenen Untergang voraussehen und dann evtl. auswandern müssen?

MEDEA gilt als die größte Zauberin und Hexe der griech. ➤ MYTHOLOGIE. Sie verliebte sich in *Jason* und verhalf ihm mit ihren Zauberkünsten zum „Goldenen Vlies“. Die beiden lebten gemeinsam in Korinth und hatten zwei Söhne, *Mermeros* und *Pheres*. Später wurde M. von *Jason* verstoßen, tötete ihre Kinder und floh nach Athen, wo sie König *Aigeus* heiratete.

MEDITATION, (lat.) = Nachsinnen; Sammelbegriff und Technik für verschiedene Arten der Bewusstseinsschulung. Im ➤ HINDUISMUS, ➤ BUDDHISMUS, ➤ SUFISMUS und Zen hat M. eine lange Tradition. Sie findet in unserer heutigen Zeit auch im Westen immer mehr Resonanz und Anwendung im Alltag der Menschen.

Sieben Gedanken zum Begriff MEDITATION

1. Meditation ist ein tiefes Sich-Versenken in Stille, ein In-Sich-Gehen.
2. Meditation schenkt Licht und Inspiration.
3. Meditation weckt und entfaltet die Persönlichkeit des Menschen.
4. Meditation ist ein Sich-Einschwingen in die Harmonie und die natürlichen Prozesse des Lebens.
5. Meditation ermöglicht ein Aufsteigen zu höheren geistigen Bewusstseinsebenen.
6. Meditation kann zur eigenen Quelle der Kraft und Macht führen.
7. Meditation kann Erkenntnis und Erfüllung des Lebenssinns bringen.

MAGISCHE ÜBUNG:

MAGISCHE BASISÜBUNG MEDITATION (MBM)
(allein)

Schließe die Augen, entspanne dich (siehe nachfolgende Meditationshaltungen) und achte bewusst auf deinen ➤ ATEM (*Übung Seite* 18). *Stelle dir reines, weißes Licht vor und hülle dich darin ein. Baue daraus einen Schutzwall um dich auf. Achte stets auf tiefes und gleichmäßiges Atmen. Öffne dich nach oben zur göttlichen Kraft. Beende deine Meditationen und Rituale stets mit einem abschließenden* ➤ GEBET *oder* ➤ WORT (*z. B. „So sei es" oder „Amen"*).

MEDITATIONSHALTUNGEN

Lotussitz: Eine im ➤ YOGA klassische Position, auch Asana genannt. Du setzt dich auf den Boden und legst den linken Fuß auf den rechten Oberschenkel und den rechten Fuß auf den linken Oberschenkel, wenn dir dies möglich ist. Für uns westliche Menschen ist das gar nicht so einfach. Die Inder tun sich auf Grund ihres Körperbaus, ihrer langen Yoga-Tradition und ihres permanenten Trainings leichter. Diese Stellung erfordert sicherlich einige Übung.

Schneidersitz: Diese Haltung ist dir sicherlich bekannt. Sie ist dem Lotussitz ähnlich, nur dass du deine Füße nicht bis auf die Oberschenkel legst, sondern einfach kreuzt.

Gerades Sitzen auf einem Stuhl: Auch beim Sitzen auf einem Stuhl mit nicht zu weicher und nicht zu harter Unterlage ist Meditation möglich. Dein Oberkörper sollte aufgerichtet sein, die Wirbelsäule gerade, die Hände ruhen leicht auf den Oberschenkeln, und die Beine stehen parallel auf dem Boden. Am besten nicht mit dem Rücken an die Stuhllehne anlehnen. Dies verhindert ein Müdewerden und Nachlassen der Konzentration.

Liegen: Sie ist die entspannteste Haltung. Allerdings solltest du darauf achten, bei Konzentrations- und Meditationsübungen, die deine erhöhte Aufmerksamkeit verlangen, nicht einzuschlafen. Es gibt noch weitere, mitunter sehr akrobatische und anstrengende Meditationshaltungen, vor allem im Yoga. Für unsere mag. Praxis spielen nur die eben genannten eine Rolle.

Als **MEDIUM,** von (griech.) medos = mitten, bezeichnet man einen Menschen, der fähig ist, in ➤ TRANCE oder ➤ EKSTASE mit Geistern oder Verstorbenen in Kontakt zu treten. Berühmte mediale Persönlichkeiten: H. P. ➤ BLAVATSKY, *Rosemary Brown* (soll Werke klass. Komponisten empfangen haben).

MERKUR, 1. Röm. Götterbote und Handelsgott.
2. Sonnennächster Planet. Man ordnet ihm das Metall Quecksilber zu. Er steht für Kommunikation, Handel und Medienkarriere. **Tierkreiszeichen:** *Jungfrau, Zwilling.*

MERLIN, Magier, Seher und Berater am Hofe des Königs Artus. Er ist die berühmteste Zauberer-Figur aller Zeiten. M. war schon als Kind mit der Gabe der Prophetie gesegnet. Es existieren viele Überlieferungen von ihm. Es heißt, dass er sich nach Belieben in Tiere verwandeln, die Zukunft voraussehen, das Schicksal der Menschen lenken und Kriege gewinnen konnte.

MOHAMMED oder Muhammad (arab.) = der Gepriesene (570-632), Stifter der Religion des ➤ ISLAM. Er empfing vom Erzengel *Gabriel* in der Höhle Hira göttliche Offenbarungen, die später aufgeschrieben wurden und heute den ➤ KORAN, das heilige Buch der Muslime, bilden.

MONATE, siehe ➤ FEIERTAGSKALENDER

MOND, nächster Planet, der um seine eigene Achse rotiert und dabei gleichzeitig die Erde umkreist. Er reflektiert das Licht der Sonne. Der M. spielt neben der Sonne in der Magie seit dem Altertum eine bedeutende Rolle, und man sagt ihm geheime Kräfte nach. Er beeinflusst Fruchtbarkeit, Wachstum und Zustand von Menschen, Tieren und Pflanzen. Die ersten Kalender richteten sich nach dem M., und auch heute noch gibt es Völker, die sich am Mond orientieren. Neben der Stellung des M.s, ob zunehmender, voller, abnehmender oder Neumond, hat sein Stand in einem jeweiligen Tierkreis besondere Bedeutungen und Auswirkungen auf unser Leben. Der Mond braucht fast 28 Tage auf seiner Wanderung durch den Tierkreis. Während dieser Reise geht er durch die zwölf Tierkreiszeichen. Dem Mond wird das Metall Silber zugeordnet. **Tierkreiszeichen:** *Krebs.*

Der Neumond (auch Schwarzmond genannt): Bei N. steht der Mond zwischen Sonne und Erde. Dadurch ist von der Erde aus sein reflektierendes Sonnenlicht nicht mehr zu sehen. Also liegt die der Erde zugewandte Seite im Dunkeln (das Symbol für N. ist ein schwarzer Kreis). Der N. steht für den Neubeginn, Pläne und Vorsätze. Zu N. nehmen Pflanzen Nahrung besonders gut auf. Jetzt ist eine gute Zeit, um kranke Pflanzen, Sträucher und Bäume zu behandeln. Die zwei Tage des N.s sind ideale Fasten-, Diät- und Abnehmtage.

Der zunehmende Mond: Wenige Stunden nach Neumond taucht am Himmel eine schmale Mondsichel auf. Die ersten sechs Tage bis zum Halbmond sind gut, um Ideen zu schmieden, Pläne zu fassen, Liebes- und Glückszauber durchzuführen. Es ist eine günstige Zeit, um Pflanzen zu pflegen, jedoch dünge sie niemals bei z. M. In den darauffolgenden sechs Tagen bis zum Vollmond sollten deine Ideen konkretisiert und ausgearbeitet werden. Jetzt heißt es auch: Hindernisse überwinden!

Der Vollmond: Bei V. steht der Mond hinter der Erde und kann von uns aus als volle Scheibe gesehen werden. Die der Erde zugewandte Seite ist somit ganz beleuchtet. Der V. ist die Zeit der Erfüllung und Vollendung. Er fördert künstlerische Inspirationen und kreative Arbeiten, steigert Lebenslust und Tatendrang. Nun ist es ratsam, Dinge zum Abschluss zu bringen. Manche Hexen rufen jetzt die Mondgöttin an und führen Fruchtbarkeitsrituale durch. Ideal zum Pflücken und Sammeln von Zauberkräutern. Sensible Menschen haben oft Einschlafschwierigkeiten. Eine Zeit der erhöhten Unfall- und Kriminalitätsrate.

Der abnehmende Mond: Bringe allmählich deine Vorhaben zum Abschluss und regeneriere in den letzten sechs Tagen vor Neumond deine Energien. Jetzt ist Entgiften und Entschlacken des Körpers am wirksamsten. Hausputz und Aufräumaktionen gehen bei a. M. besser von der Hand. Wäsche wird jetzt besonders sauber (vor allem an so genannten Wassertagen, wenn der Mond in Krebs, Skorpion oder Fische steht). Optimal ist jetzt die Durchführung von ➤ ABWEHRZAUBERN und Heilungsritualen. In dieser Zeit ausgesätes Wurzelgemüse gedeiht prima. Außer am Vollmondtag kann man jetzt auch düngen.

MOZART, Wolfgang Amadeus (1756-1791), klassischer österr. Komponist und Musiker. Als „Wunderkind" erregte er mit seinem Klavierspiel und seinen Kompositionen bereits im Alter von etwa sechs Jahren große Aufmerksamkeit. Neben zahlreichen Opern komponierte er über 50 Sinfonien u. a. Orchesterwerke, Instrumentalkonzerte, Kammer- und Klaviermusik und Lieder. Er ist einer meiner Lieblingskomponisten, denn seine Musik ist für mich einfach mag. schön! M. gehörte einer ➤ FREIMAURER-Loge an. Ein Werk, welches diese Gesinnung ausdrückt, ist seine Oper „Die Zauberflöte".

MUDRA, Wort aus dem Sanskrit, was so viel bedeutet wie „Zeichen" oder „Siegel". Das M. ist eine symbolhafte Finger- oder Handhaltung mit mag. Wirkungen zum Schutzzauber, zur Reinigung oder für wohltuenden Energiefluss auf den Körper. Es wird im ➤ YOGA oder bei mag. Ritualen angewandt.

MUSIK wird die „heilige Kunst" genannt. Was wäre ein Leben ohne Musik? Seit Urzeiten verwenden die Menschen M. auch bei rituellen und mag. Kulten. In den ➤ VEDEN ist die Rede von „Nada Brahma", der Schöpfung, deren Ursprung Klang ist. In allen Dingen des Universums schwingt und klingt es. M. ist ein Abbild der kosmischen Musik des göttlichen Schöpfers. Die Sufis (➤ SUFISMUS) nennen die M. „Giza-i-Ruh", die Nahrung der Seele und des Geistes. Die Magie der M. besteht darin, dass sie durch ihre Schwingungen die Selbstheilungskräfte des menschlichen Körpers freisetzt. Sie hilft, seelische und körperliche Spannungen abzubauen und die schwersten Leiden zu lindern. Dies wird mehr und mehr in der M.therapie mit großem Erfolg zum Einsatz gebracht.
Musik-CDs für mag. Rituale findest du bei **magicult** (Adresse im Anhang) oder unter www.magicult.de

MYSTIK, von (griech.) „mystikós" = zu den Mysterien (Geheimlehren) gehörend, geheim, geheimnisvoll. Die Mystik ist eine spirituelle oder rel. Bewegung, die durch innere Versenkung und Hingabe nach der Vereinigung mit dem Göttlichen strebt.

MYTHOLOGIE, Überbegriff bzw. Gesamtheit der überlieferten Mythen und Sagen eines Volkes, auch die wissenschaftliche Forschung danach.

NAMEN. „Nomen est omen" heißt ein altes lat. Sprichwort: Der N. ist ein (gutes oder schlechtes) Vorzeichen. Die N.swahl ist für Gesundheit, Werdegang und Lebensziel eines Menschen bedeutsam. Viele Menschen sind todunglücklich über den Vornamen, den sie einst von ihren Eltern bekamen oder über einen Familiennamen, der sie zeitlebens zum Gespött der Leute macht. Doch viele haben nicht die Power oder den Mut, etwas daran zu ändern. Vor allem Kose- und Spitznamen können verheerende Wirkungen nach sich ziehen. Also: Wenn dir dein N. stinkt und du einen neuen Anfang machen möchtest, gib dir auch einen neuen N. Lass dich von einem mag. Lehrer oder einer Hexe beraten und dir eventuell von ihm oder ihr einen spirituellen N. geben. Oft gibt ein Meister seinem Schüler einen N., den er nur für sich behalten soll. Der Sinn liegt darin, dass die Energie des N.s gebündelt werden soll, um so eine ➤ TRANSFORMATION zu vollziehen. So gab auch mein spiritueller Lehrer mir bei einer meiner ➤ EINWEIHUNGEN einen N., den ich über ein Jahr ganz für mich behielt.

NATURGEISTER, dazu zählen jede Menge: Gnome, Zwerge, Kobolde, Wichtel, Hügelvolk, (Blüten-) Elfen, Feen, Nymphen, Nixen und Devas (ind. für „Leuchtende", „Glänzende").

NEOPHYT, von (griech.) „neophytos" = neugepflanzt; ein zur ➤ EINWEIHUNG bzw. für die alten Mysterien zugelassener Kandidat in ➤ MAGIE, ➤ FREIMAURERE1 und anderen ➤ ORDEN.

NEPTUN, 1. Röm. Meeresgott.
2. Erst 1846 entdeckter Planet. Der N. steht für Geist, Seele und Fantasie, den grenzenlosen Ozean, aus dem das Universum entstanden ist, aber auch für flüssig-giftige und nebulöse Substanzen. **Tierkreiszeichen:** *Fisch*.

NIRWANA (Sk.) = Erlöschen; aus dem ➤ HINDUISMUS und ➤ YOGA stammender Begriff; Vereinigung mit dem höchsten Göttlichen und Befreiung vom Kreislauf der Wiedergeburten („samsara").

NOSTRADAMUS (1503-1566), bürgerl. Name: Michel de Nostre-Dame; frz. Arzt und Prophet. Seine 1555 veröffentlichte Schrift „Les Centuries" enthält etwa 4780 Verse mit verschlüsselten Prophezeiungen der nächsten Jahrhunderte. Laut unterschiedlicher Auslegungen soll er die Französische Revolution, das Erscheinen von Diktatoren wie Hitler und Mussolini und das Ende der Welt vorausgesagt haben.

NOTSITUATIONEN im mag. Alltag: Als angehende Hexe oder Magier kannst du auch in schwierige Situationen geraten. Was dann? Keine Panik! Denk als Erstes an deinen ➤ ATEM. Denn in solchen Situationen neigst du zu Verkrampfungen und hektischer Atmung. Ein hilfreiches mag. Mittel ist es, die Naudiz-➤ RUNE (Not-Rune) mit den beiden Zeigefingern als ➤ MUDRA zu formen und dabei zu sprechen „**Not wende dich!**".

NOVALIS (1772-1801), bürgerlicher Name: Friedrich Freiherr von Hardenberg; deutscher Dichter und Begründer des „mag. Idealismus", einer mystisch-romantischen Literatur-Strömung des 18. Jahrhunderts.

Ein **NOVIZE** ist ein in ein Kloster oder in einen mag. Orden Neuaufgenommener.

NUMEROLOGIE ist seit *Pythagoras*, 6. Jh. v. Chr, bekannt. Zur Charakterisierung können folgende Zahlen genommen werden, aus denen sich dann Zahlentypen ergeben:

1. GEBURTSZAHL (Potenzielle Stärken):
Quersumme addieren
Beispiel: 02.04.1966 = 2+4+1+9+6+6 = 28 (2+8) = 10 = 1-er-Typ

2. NAMENSZAHL (Hauptaufgabe im Leben):
Addiere die entsprechenden Zahlen zu deinem Vor- und Nachnamen so lange, bis sich eine Zahl zwischen 1 und 9 ergibt.

1	2	3	4	5	6	7	8	9
A	B	C	D	E	F	G	H	I
J	K	L	M	N	O	P	Q	R
S	T	U	V	W	X	Y	Z	

Beispiel: LISA WITZ = 3911 5928 = 38 = 11 = 2-er-Typ

3. SCHICKSALSZAHL (Ziel erreichen):
Geburts- und Namenszahl addieren

GEBURTSZAHL + NAMENSZAHL = SCHICKSALSZAHL:
im Beispiel 1 + 2 = 3-er-Typ.

Auslegung der Zahlentypen siehe unter ➤ ZAHLENMAGIE.

OD, von (griech.) „odos“ = hindurchgehen. Ältere Bez. in der Magie für die universelle Kraft, die Mensch und Kosmos durchdringt (andere Bez.: ➤ PRANA, ➤ CH'I usw.).

OKKULTISMUS, von (lat.) „occultus“ = verborgen. Lehre vom Übersinnlichen. Dieser Begriff taucht zum ersten Mal im Titel des Buches „De occulta philosophia“ von ➤ AGRIPPA auf und wurde später durch die Werke des Magiers Eliphas ➤ LÉVI bekannt gemacht.

ÖLE, im Prinzip kann man aus allen Kräutern, Gewürzen und Früchten Ö. herstellen. Doch manche Ö. daraus schmecken nicht, sind ungenießbar oder giftig. Verwende für mag. Zwecke nur reine, pflanzliche (keine tierischen) Öle, am besten aus kontrolliert ökologischem Anbau der Pflanzen.

> **Achtung!** Unterscheide stets zwischen ätherischen Ölen, die konzentriert sind und eine ätzende Wirkung haben können, und Pflanzenölen (Basisölen, z.B. Jojobaöl oder Sonnenblumenöl) als Grundlage zum Mischen. Ätherische Öle nur verdünnt, am besten mit Pflanzenöl, anwenden. Nicht auf die Schleimhäute (Augen, Mund usw.) bringen und nur nach Rücksprache mit dem Arzt oder Apotheker innerlich anwenden. Verätzungsgefahr!

Abramelin-Öl: Mischung aus Zimt, Myrrhenextrakt, Galgantwurzelextrakt und Olivenöl.
Zu mag. Zwecken wie zur Herbeirufung des Schutzengels und anderer Engel.

Altar-Öl: zum Reinigen deines ➤ ALTARS und zum Aufbauen der mag. Kräfte.

ZAUBER-REZEPT:

ALTARÖL

4 Tropfen Weihrauchöl
3 Tropfen Myrrheöl
1 Tropfen Galgantwurzelöl
1 Tropfen Eisenkrautöl
1 Tropfen Lavendelöl

Amber: wird aus einer bestimmten Pinienart gewonnen. Echter A. kommt nur im Nahen Osten, Russland und in der Dominikanischen Republik vor. A.öl wird bei Krankheiten oder Störungen des Herzens angewandt.

Aprikose: Das ätherische Öl aus den Kernen der Frucht duftet zwar selbst nicht nach A., wird aber oft als Basisöl für Liebesöle verwendet und wirkt aphrodisierend (siehe ➤ APHRODISIAKA).

Arnika: Ein ausgezeichnetes Massageöl zur besseren Durchblutung und gegen Muskelkater. Es erhält deine Haut jung und geschmeidig. Auch als Zusatz für ein Bad gut geeignet.

Basilikum: Vielseitig verwendbar. Es hellt die Stimmung auf und eignet sich gut zur ➤ KONZENTRATION.

Bergamotte: Vor allem als Badezusatz für Geld- und Schutzzauber und gegen Stimmungsschwankungen.

Calendula: Geeignet für Übungen der ➤ TELEPATHIE und eine lange Liebesbeziehung.

Fenchel: Als verdünntes Öl hat es eine schleimlösende Wirkung und hilft als Zusatz für Sitzbäder bei Menstruationsbeschwerden.

Ingwer: Dieses würzige Öl wird seit über 3000 Jahren als Anregungsmittel verwendet.

Jasmin: Dieses (teure) Öl hebt die Stimmung und hilft, Depressionen zu überwinden.

Kardamom: Ein betörender Duft, der anziehend auf deinen Freund/deine Freundin wirkt.

Moschus: Zur Heilung des Herzens und für sinnliche Stunden.

Myrrhe: Dieses Heil- und Salböl wurde schon zu Mose und Jesu Zeiten verwendet. Es ist ein den Geist reinigendes Öl, welches bei Einweihungen Anwendung findet. Besonders gute Qualität haben die M.öle aus Tunesien und Marokko.

Olive: Ein wunderbares Mittel für Haut und Haare und gegen das Altern.

Patschuli: Das äther. Öl wird aus einer ind. Pflanze gewonnen. Es wirkt aufhellend und fördert die Kreativität.

Rose: Ein wahres Zauber-Öl! Von der „Königin der Düfte" gibt es über dreihundert verschiedene Arten, die in der Aromatherapie eingesetzt werden. Die feinsten und teuersten R.nöle kommen aus Bulgarien („bulgarische Rose") und Indien. Für ein Kilogramm R.nöl braucht man ca. 30 000 Kilogramm R.nblätter (!). Die R.nessenz wirkt auf der körperlichen, geistigen und seelischen Ebene zugleich, besonders bei Frauen.

Salböl: Eine Mischung aus Oliven-, Myrrhe-, Galgantwurzel- und Zimtöl. ➤ SALBUNG.

Sandelholz (äther.): Das Öl aus S. bildet ein ausgezeichnetes Grundlagenöl, das mit anderen Ölen gemischt werden kann. Es beruhigt und eignet sich daher auch besonders gut für Meditationen und sonstige spirituelle Übungen. Älteres Sandelholz ist wirksamer als Holz neueren Datums.

Sonnenblume: Ein heilendes (Wunder-)Öl und Basisöl. Die Sonnenblume speichert die volle Kraft der Sonne.

Teebaum (äther.): Ein wahres Wunder- und uraltes Heilmittel der Aborigines aus Australien! Beugt Erkältungen, Grippe und überhaupt Virusinfektionen aller Art vor. Es desinfiziert Wunden. Achtung: Sparsam verwenden und nicht auf die Schleimhäute auftragen. Der Geruch von T. ist sehr intensiv und auch nicht jedermanns Geschmack. Daher einfach vorher mal testen. Frag in Apotheken oder Drogerien, im Reformhaus oder Naturkostladen nach reinem ätherischen T.öl.

Ylang-Ylang (äther.): Es stammt aus Malaysia und hat einen sagenhaft verführerischen Duft. Siehe auch ➤ BAD, MAG. („Liebesbad").

MAGISCHER LIEBESTRUNK:

SEXY DRINK

Mische dir einen Drink aus Honig, einem Tropfen Ylang-Ylang-Öl und Zucker. Sprich einen Zauberspruch darüber und nimm ihn, bis es zur Wirkung kommt, dreimal täglich ein, oder gib ihn deinem Freund/deiner Freundin zu trinken.

Zimt: Verwende es sparsam, da es Hautreizungen verursachen kann. Als Öl für spirituelle Übungen (Telepathie, Übersinnlichkeit etc.) gut geeignet.

ORAKEL, von (lat.) „oraculum“ = Weissagung; eine Offenbarung, die durch ein Zeichen oder einen Spruch Aufschluss über die Zukunft geben soll. Nachfolgend einige Beispiele:

BLEI- UND WACHSGIESSEN: Ein beliebter Orakel-Brauch, der früher am 21. Dezember (Thomasnacht) und heute meist an Silvester praktiziert wird. Erhitztes Blei oder Wachs wird in kaltem Wasser abgekühlt. Aus der Form, die das Stück annimmt, kannst du die Zukunft lesen.

EIERORAKEL: Schütte den Inhalt eines rohen Eis aus der Schale in kochendes Wasser. Durch die Gerinnung entstehen Formen, aus denen du die Zukunft lesen kannst.

WIMPERN-ORAKEL: Fällt dir eine Augenwimper aus, so lege sie auf deinen Handrücken und wünsche dir etwas. Lässt die Wimper sich leicht wegblasen, so geht dein Wunsch in Erfüllung.

Weitere O.arten sind Aschen-, Baum-, Feuer-Orakel, Kaffeesatzlesen, Pyromantie, Teeblätter- und Teig-Orakel und werden in meinem Buch **MAGISCHE RITUALE** behandelt.

Ein **ORDEN** ist eine rel. oder spirituelle Gemeinschaft. Es gibt geistliche O. (z. B. die röm.-kath. Klosterorden und christl. Lebensgemeinschaften), Freimaurer- und Rosenkreuzero. und andere mystische und mag. O. Den Mitgliedern werden oft O.snamen gegeben (z. B. in lat. oder aus der entsprechenden Tradition oder Religion stammenden Sprache). Die Absichten und Ziele mancher O. werden oftmals geheim gehalten und sind nur Eingeweihten bekannt.

ORDER OF THE GOLDEN DAWN (genauer: „Hermetic Order of the Golden Dawn“), der „Hermetische Orden der Goldenen Dämmerung“. Er wurde 1988 als mag. Orden bzw. Geheimgesellschaft in England gegründet und hatte den wohl größten Einfluss auf die heutige westliche Magie. Ihr gehörten Okkultisten und Autoren wie Aleister ➤ CROWLEY, *W. B. Yeats*, *Dion Fortune* und *Israel Regardie* an. Vom Aufbau und den Ritualen her war der Orden der ➤ FREIMAUREREI sehr ähnlich. Die rituelle Magie nahm dabei eine wichtige Stellung ein. Zu den Zielen des O. o. t. G. D. gehörte die Kontaktaufnahme zum eigenen Schutzgeist und den Großen Meistern. Heute gibt es verschiedene Abspaltungen des O. o. t. G. D. und auch Orden, die unter diesem Namen aktiv sind.

ORDO TEMPLI ORIENTIS (O.T.O.) = (lat.) „Orientalischer Tempelorden“ mit geheimen Riten (z. B. einer besonderen Form des ➤ TANTRA). Er wurde um die Jahrhundertwende von dem Schriftsteller *Franz Hartmann* u. a. gegründet. In der Gründungsphase sah sich der Orden als eine Art „Freimaurerische Akademie“, mit dem Ziel, verschiedene Freimaurersysteme zu vereinen. Die wirklichen Ziele können laut Satzung des O.T.O. nur von hohen Eingeweihten verstanden werden. Der Orden lehrt eine verborgene Wissenschaft. 1935 wurde er von den Nazis verboten, einige Mitglieder wurden verfolgt, kamen in Gefängnisse oder in Konzentrationslager.

OSTARA oder FEST DER FRÜHLINGS-TAGUNDNACHTGLEICHE, wenn Tag und Nacht gleich lang sind. Dieses Frühlingsfest ist nach der germ. Frühlingsgöttin *Ostara* benannt, von deren Namen im 6. Jahrhundert das christliche Ostern abgeleitet wurde. Manche Hexen und Hexer bereiten in dieser Zeit die große Hochzeit der Göttin *Aradia* mit dem Gott *Karnaina* vor.

OUIJA-BRETT, von (franz.) „oui“ = ja und (dts.) „ja“. Ein Hexenbrett mit Buchstaben, Wörtern und Zahlen zur Befragung von Geistern. Dazu gehört eine Planchette, ein Mini-Tisch, der als Zeiger dient und Nachrichten übermittelt.

„OM“
(© 1996 *Sol Universal*).

PARACELSUS (1493-1541), bürgerl. Name: Theophrastus Bombastus von Hohenheim; Arzt, Philosoph und Magier. Er verfasste einige für die Nachwelt sehr bedeutende Werke der ➤ ALCHEMIE, ➤ MAGIE u. a. Wissenschaften.

PARAPSYCHOLOGIE, die Lehre von den paranormalen Vorgängen, die sich nicht durch die gängige Wissenschaft erklären lassen. Häufig sind besondere magnetische Phänomene die Ursache für paranormale Erlebnisse.

PENDEL, von (lat.) „pendulum" = das Hängende. Es wird auch als siderisches P. bezeichnet. Mag. Instrument, ein Faden mit einem kleinen Gewicht daran (➤ PENDELN).

PENDELN ist eine Methode des Erfühlens von Situationen und Dingen (Lebensmittel, Gebrauchsgegenstände usw.) und eine Technik des Vorhersagens von Ereignissen. Als P. eignet sich auch ein Ring oder ein schöner Stein mit einem Loch, der an einem stabilen, dünnen (ca. 20 cm langen) Faden oder einer Kette befestigt ist. In bestimmten Läden (Eso-, Magicshops etc.) oder bei www.magicult.de findest du eine Auswahl an P.n in unterschiedlichen Ausführungen. Es ist nicht das Pendel selbst, das sich von sich aus bewegt. Vielmehr sind es die Regungen unseres Unterbewusstseins, die sozusagen in die Hand fließen und den Ausschlag geben.

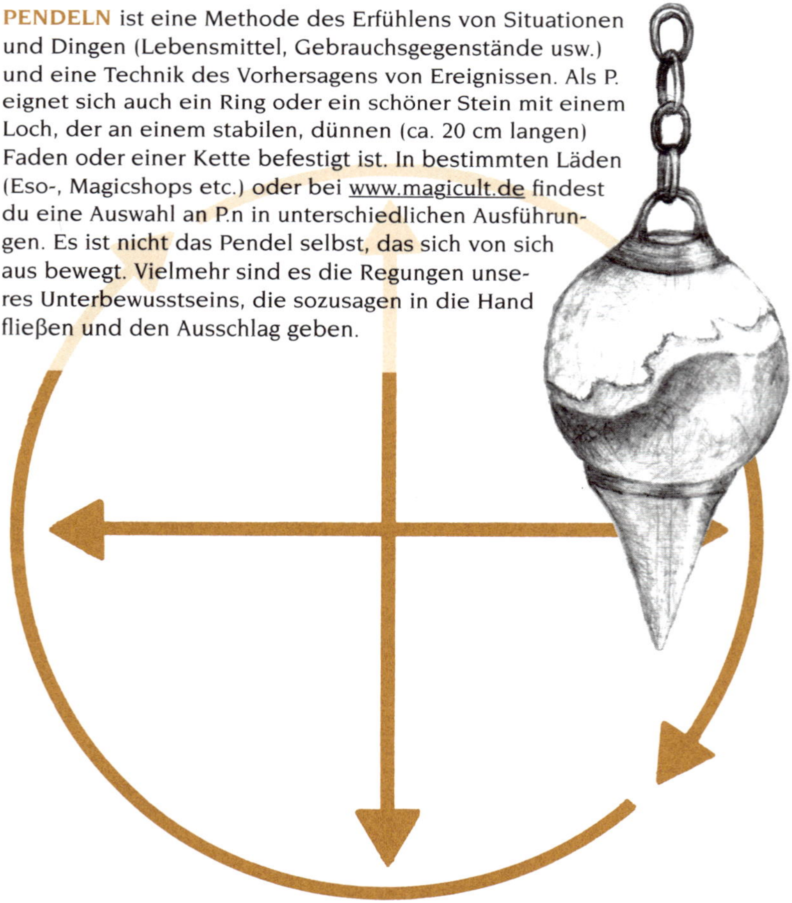

MAGISCHE ÜBUNG:

PENDELÜBUNG

Handhaltung: Nimm das obere Ende des Pendels zwischen Zeigefinger und Mittelfinger und lege zusätzlich den Daumen auf die Fadenspitze, damit du es sicher im Griff hast. Halte das Pendel leicht und unverkrampft. Versuche nicht, es mit deinem Atem, deiner Hand oder deinem Körper zu manipulieren. Allein die Kraft deines Geistes soll das Pendel führen. Das bedarf für Einsteiger einer gewissen Geduld und Übung. Verwende die Zeichnung von Seite 96 dafür, indem du abwechselnd mit deinen Gedanken das Pendel vertikal und horizontal bewegst. Wenn du diese Übung nach einiger Zeit beherrschst, kannst du daran gehen, Fragen zu stellen. Entscheide selbst, welche Richtung, ob von oben nach unten, rechts-links oder links oder rechts im Kreis herum, JA *oder* NEIN *oder* UNBESTIMMT *bedeutet. Das kann bei jedem „Pendler" unterschiedlich sein. Vertraue deiner Intuition. Bevor du einen Pendelzauber startest, schließe die Augen, atme bewusst und versetze dich in eine meditative Stimmung. Dann stelle dem Pendel deine Frage. Es kann sein, dass es an manchen Tagen besser oder schlechter klappt, dies kann z. B. an deiner Stimmung liegen. Auch die Umgebung bestimmter Räume oder Orte kann das Pendel beeinflussen. Ich bin aber sicher, dass du deine optimale Pendelpraxis finden wirst.*

Ich wünsche dir dabei viel Spaß!

PENTAGRAMM, auch „Pentakel" oder „Drudenfuß" genannt. Seit Jahrtausenden ist es eines der bedeutenden mag. Symbole der Hexen und Magier zum Schutz und zur Geisterbeschwörung. Es hat die Eigenschaft, Angriffe auf den Verursacher zurückzuwerfen. Gebräuchlich sind die Ausführungen des P.s aus Messing, Gold, Silber, Holz und Ton. Wenn du über dieses Zeichen meditierst, wirst du feststellen, dass seine Form an die menschlichen Körperteile Kopf, Arme und Beine erinnert. Bevor du mit einem P.-Ritual beginnst, lerne zuerst, die Form mit dem Stift auf dem Papier zu malen. Später zeichne es mit geschlossenen Augen in die Luft. Dies kannst du mit einem ➤ ATHAME oder deinem Zeige- oder Mittelfinger ausführen.

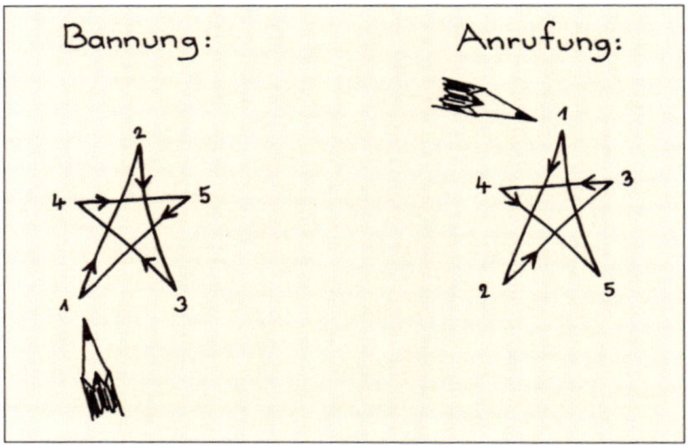

MAGISCHE ÜBUNG:

PENTAGRAMM-ÜBUNG

Zeichne ein ca. 10 cm hohes und 10 cm breites P. in der Ausführung deiner Wahl und in deiner Lieblingsfarbe. Fülle es während des Zeichnens mit guten Gedanken, mit geistiger Kraft. Dein persönliches P. unterstützt deine ➤ KONZENTRATION, *deine* ➤ MEDITATION *und dein mag.* ➤ RITUAL. *Konzentriere dich einige Minuten lang auf das P., dann schließe die Augen und stelle es dir noch einmal leuchtend vor deinem inneren Auge vor. Hänge es über Türen und Fenster, und es schützt dich vor Dämonen. Auch im Rahmen des Geldzaubers ist es gut einsetzbar. Das Gleiche kannst du natürlich auch mit einer anderen geometrisch-mag. Figur (Dreieck, Quadrat, Kreis, Hexagramm etc.) praktizieren.*

PENTAKEL, siehe auch ➤ PENTAGRAMM. In manchen mag. Büchern ist damit auch ein Zauberkreis mit Symbolen und hebr. Schriften gemeint, als Schutz vor ➤ DÄMONEN.

PHIOLE, normalerweise eine kugelförmige Glasflasche mit langem Hals. In der zeremoniellen Magie ist es ein Behälter mit Salböl.

PLANETEN, von (griech.) „planetes“ = Wandelsterne. Himmelskörper, die sich in kreisähnlichen Bahnen um die Sonne bewegen. Neben der Erde sind folgende Planeten mit dem bloßen Auge sichtbar: **Mond, Merkur, Venus, Mars, Jupiter** und **Saturn**. Im Jahr 1781 wurde der **Uranus,** 1846 **Neptun** und erst 1930 **Pluto** entdeckt.

	Planeten	Element	Assoziation
☽	MOND	Wasser	Inspiration, Weiblichkeit, Fruchtbarkeit
☉	SONNE	Feuer	Lebenskraft, Freude, neue Taten
♂	MARS	Feuer	Kampf, Aggression, Wille
☿	MERKUR	Luft/Wasser	Handel, Kommunikation, Bildung
♀	VENUS	Erde/Wasser	Liebe, Harmonie, Schönheit
♃	JUPITER	Luft/Feuer	Selbstbewusstsein, Wachstum, Macht
♄	SATURN	Erde/Wasser	Wissen, Weisheit, Ordnung
⛢	URANUS	Luft	Kreativität, Spontanität
♆	NEPTUN	Wasser	Spiritualität, Fantasie, Unbewusstes
♉	PLUTO	Wasser	Verwandlung, Fanatismus

Uhrzeit (Winterzeit)	Sonntag Sonne	Montag Mond	Dienstag Mars	Mittwoch Merkur	Donnerst. Jupiter	Freitag Venus	Samstag Saturn
00-01 h	Sonne	Mond	Mars	Merkur	Jupiter	Venus	Saturn
01-02 h	Venus	Saturn	Sonne	Mond	Mars	Merkur	Jupiter
02-03 h	Merkur	Jupiter	Venus	Saturn	Sonne	Mond	Mars
03-04 h	Mond	Mars	Merkur	Jupiter	Venus	Saturn	Sonne
04-05 h	Saturn	Sonne	Mond	Mars	Merkur	Jupiter	Venus
05-06 h	Jupiter	Venus	Saturn	Sonne	Mond	Mars	Merkur
06-07 h	Mars	Merkur	Jupiter	Venus	Saturn	Sonne	Mond
07-08 h	Sonne	Mond	Mars	Merkur	Jupiter	Venus	Saturn
08-09 h	Venus	Saturn	Sonne	Mond	Mars	Merkur	Jupiter
09-10 h	Merkur	Jupiter	Venus	Saturn	Sonne	Mond	Mars
10-11 h	Mond	Mars	Merkur	Jupiter	Venus	Saturn	Sonne
11-12 h	Saturn	Sonne	Mond	Mars	Merkur	Jupiter	Venus
12-13 h	Jupiter	Venus	Saturn	Sonne	Mond	Mars	Merkur
13-14 h	Mars	Merkur	Jupiter	Venus	Saturn	Sonne	Mond
14-15 h	Sonne	Mond	Mars	Merkur	Jupiter	Venus	Saturn
15-16 h	Venus	Saturn	Sonne	Mond	Mars	Merkur	Jupiter
16-17 h	Merkur	Jupiter	Venus	Saturn	Sonne	Mond	Mars
17-18 h	Mond	Mars	Merkur	Jupiter	Venus	Saturn	Sonne
18-19 h	Saturn	Sonne	Mond	Mars	Merkur	Jupiter	Venus
19-20 h	Jupiter	Venus	Saturn	Sonne	Mond	Mars	Merkur
20-21 h	Mars	Merkur	Jupiter	Venus	Saturn	Sonne	Mond
21-22 h	Sonne	Mond	Mars	Merkur	Jupiter	Venus	Saturn
22-23 h	Venus	Saturn	Sonne	Mond	Mars	Merkur	Jupiter
23-24 h	Merkur	Jupiter	Venus	Saturn	Sonne	Mond	Mars

Der Planet der ersten Stunde eines Tages ist der Tagesplanet. Die Planetenstunden beziehen sich auf die Winterzeit, also rechne im Sommer immer eine Stunde dazu.

PLUTO, 1. Röm. Unterweltgott.
2. Äußerster, erst 1930 entdeckter Planet unseres Sonnensystems und kleinster der neun Planeten. P. steht spirituell für extreme Leistungen, große Umwälzungen, Fanatismus und Verwandlung. **Tierkreiszeichen:** *Skorpion*.

POLTERGEIST, Gespenst bzw. Wesen ohne Körper, welches sich meist durch Flüstern, Klopfen und Singen bemerkbar macht, manchmal bewegt es auch Dinge, zerschlägt Porzellan o. ä. Laut Umfragen haben ca. 15 % der Bevölkerung in Deutschland schon einmal Erfahrungen mit parapsychologischen Phänomenen wie P.ern, Spuk und unheimlichen Dingen gemacht. Betroffen sind nicht nur Menschen mit starken spiritistischen Neigungen, sondern überwiegend Personen, die starken Stresssituationen ausgesetzt sind. Vor allem bei Jugendlichen in der Pubertät treten P.er vermehrt auf.

POTTER, Harry. Die Bücher und Filme über den kleinen Zauberlehrling nach Romanen von *Joanne* K. *Rowling* faszinieren weltweit Millionen von Menschen. *Harry* ist Vollwaise und wächst bei seinen Verwandten, den unausstehlichen *Dursleys*, auf. Man verschweigt ihm, dass seine Eltern Hexen waren und durch den berüchtigten *Lord Voldemort* getötet wurden. Mit seinem 11. Geburtstag beginnt für *Harry* ein neues, fantastisches Leben. Er wird in die Zauberschule *Hogwarts* aufgenommen und lernt die den *Muggels* (also den normalen Menschen) verborgene Welt der Zauberer, Hexen und Fabelwesen kennen. Und natürlich ist da auch die ständige Bedrohung durch den dunklen Lord, der *Harry* vernichten will. Zum Glück hat *Harry* ungeahnte mag. Fähigkeiten und vor allem: gute Freunde …

PRANA, (Sk.) = Atem, „Lebenshauch". Die kosm. Lebensenergie. In anderen Traditionen heißt sie auch ➤ CH'I (chin.), Baraka (arab.), Reiki (jap.).

PROPHETIE ist das Voraussagen der Zukunft, des Schicksals von Mensch und Welt. In der Tradition der Magier und Sufis spricht man von der Kette der Propheten, den Offenbarungsträgern, die vom ersten Menschen *Adam* über *Moses*, *Noah*, *Abraham*, *Jesaja*, *Johannes d.* T., *Jesus* und *Mohammed* bis in unsere heutige Zeit wirkt.

PSYCHOMETRIE = wörtlich: Seelenmessung. Komisches Wort, worüber sich auch schon einige Leute aufgeregt haben. Wie kann man denn Seelen messen? Der Ausdruck P. stammt von einem gewissen Dr. *Joseph Rhodes Buchanan*, einem Professor der Physiologie. Darunter versteht man die Fähigkeit, aus einem vorhandenen Gegenstand zu lesen, z. B. bestimmte Eigenschaften seines Besitzers oder Vorkommnisse zu erkennen (eine Art Hellfühlen).

QUADRATE, MAGISCHE Sie kamen von Indien über Arabien zu uns nach Europa. In der rituellen Magie werden sie zur Beschwörung von Planetengeistern und zur Übermittlung von mag. Nachrichten verwendet. Es gibt Zahlenquadrate wie das folgende, bei dem die Quersummen stets 15 ergeben,

4	9	2
3	5	7
8	1	6

Zahlenquadrat

und Buchstabenquadrate wie das bekannte lat. „SATOR AREPO TENET OPERA ROTAS“ (frei übersetzt: „Der Schöpfer lenkt verborgen die Räder der Welt“):

S	A	T	O	R
A	R	E	P	O
T	E	N	E	T
O	P	E	R	A
R	O	T	A	S

Buchstabenquadrat

QUINTESSENZ, von (lat.) „quinta essentia“ = die 5. Essenz. Damit wird in der Magie das 5. Element, der Äther, bezeichnet.

RADIÄSTHESIE (lat./griech.) = Pendel- und Rutenkunde. Siehe auch ➤ PENDELN, ➤ WÜNSCHELRUTE.

RANDI, James (*1928), Autor, Vortragsredner und professioneller Zauberer. Ich nenne ihn den PSI-Sherlock-Holmes, weil er auf seiner lebenslangen Suche nach unerklärlichen Phänomenen schon jede Menge Schwindeleien aufgedeckt hat. Mehr Informationen unter www.randi.org

RÄUCHERWERK verwenden die Menschen seit Urzeiten bei mag. und rel. Ritualen. Es ist ein Mittel, um eine gute Atmosphäre zu schaffen und Gebete und Beschwörungen zu Göttern und Geistern zu tragen. R. sensibilisiert für übersinnliche Wahrnehmungen. Zwei Formen des Räucherns stehen dir zur Auswahl: entweder **Fertigprodukte** oder **lose Stoffe auf Räucherkohle**. Fertiges R. enthält Salpeter als Brennmittel und kann meist als Kegel oder Stäbchen abgebrannt werden. Bei der zweiten Form kommt das Brennmittel über die Räucherkohle, auf die lose Räucherstoffe gestreut werden.

Vorsicht! Verwende für Räucherungen niemals „irgendeinen" Teller oder „irgendeine" Schale als Unterlage, sondern ein feuerfestes Gefäß!

MAGISCHER TIPP:

RÄUCHERUNG

Du benötigst:

Räucherkohle
Pinzette
Kerze, Zündhölzer
Feder oder Fächer
Sand oder Asche
Räucherstoffe (siehe rechts)
Löffelchen
Wasserglas

Nimm die Räucherkohle mit einer Pinzette und entzünde sie am besten über der Flamme einer Kerze. Damit sie besser brennt, fächle mit einer Feder oder einem Fächer Luft zu, bis etwa die Hälfte der Kohle rötlich glüht. Dann lege die Kohle in die mit Sand oder Asche gefüllte Räucherschale. Den Räucherstoff erst auf die Kohle legen, wenn sie oben weißglühend ist, sonst kann die Glut gelöscht werden. Wenn der Räucherstoff verglüht ist, entferne die Kohle mit einem Löffelchen und lösche sie sicherheitshalber in einem mit Wasser gefüllten Glas.

MAGISCHER TIPP:

RÄUCHERSTOFFE

Es gibt eine große Vielfalt an Räucherzutaten. Die beliebtesten und bewährtesten Räucherstoffe, von denen du als Hexe oder Magier auch welche besitzen solltest, sind:

Benzoe: *Sinnlich. Zur Reinigung und für Geistiges.*

Basilikum: *Für Glücks- und Wohlstandszauber.*

Copal: *Warm und harzig. Zur Reinigung von Kristallen.*

Lorbeer: *Stimmungsaufhellend und belebend. Für übersinnliche Rituale.*

Myrrhe: *Für Meditationen, Heilrituale und Weihungen.*

Rosenblüten: *Für Liebeszauber.*

Rosmarin: *Zum besseren Einschlafen, wehrt böse Geister und Hexen ab.*

Thymian: *Zur Gesundheitsförderung.*

Sandelholz: *Sinnlich-erotisch. Für Schutzzauber und Übersinnliches.*

Wacholder: *Aufweckend und ermutigend. Für Schutzräucherungen.*

Weihrauch: *(je nach Sorte) zum Schutz, zur Desinfizierung und für Weihungen.*

Zedernholz: *Warmer, würzig-aromatischer Duft. Zur Reinigung und für Geldzauber.*

Zimt: *Für übersinnliche Rituale und Geldzauber.*

RELIGION, von (lat.) „religare“, „re“ = zurück und „ligare“ = verbinden. Unter R. kann man also eine Rückbindung an das Göttliche, an Gott verstehen. Sämtliche R.en arbeiten mit mag. Prinzipien, auch wenn sie sie nicht so bezeichnen.

Auch der **RING** zählt zu den mag. ➤ WERKZEUGEN. Er gilt in der Magie als Symbol der Unsterblichkeit und Ewigkeit. Oft ist der R. mit einem eigens dafür ausgewählten Edelstein besetzt und spiegelt insgesamt die Persönlichkeit des Magiers. Schon ➤ AGRIPPA VON NETTESHEIM verwendete ihn zu mag. Zwecken, und die Großmeister der ➤ LOGEN tragen hierfür R.e mit mag. Gravuren besonderer Art. Gerne wird der R. auch an einer Schnur befestigt als ➤ TALISMAN getragen oder als ➤ PENDEL für Zwecke des Wahrsagens verwendet.

RITUS oder **RITUAL,** (lat.) = feierlicher Brauch; eine rel. oder mag.-traditionelle Zeremonie mit Anrufung eines Gottes oder mehrerer Götter.

RITUALMAGIE, Bezeichnung für die klassische, zeremonielle ➤ MAGIE.

Was brauchst du für ein magisches Ritual?

- Einen ruhigen Ort, z. B. ein Zimmer, das zu deinem ➤ TEMPEL wird.
- Den richtigen Zeitpunkt. Beachte die ➤ PLANETENSTUNDEN!
- Ein MAGISCHES ➤ TAGEBUCH für verschiedene Eintragungen.
- Einen ➤ ALTAR mit deinen magischen Gegenständen.
- MAGISCHE ➤ BEKLEIDUNG.
- MAGISCHE ➤ WERKZEUGE (z. B. den magischen Dolch = ➤ ATHAME).

ROBE, rituell-mag. Kleidungsstück, mit dem sich die Mitglieder eines mag. ➤ ORDENS oder einer ➤ LOGE bekleiden. Durch Reinigung, ➤ WASCHUNG und das Anlegen eines mag. Gewandes vollzieht der Magier den Eintritt in eine andere Welt: die Welt der Magie. Die R. ist oft in der Form eines Taus, schwarz oder weiß, je nach Zweck des Rituals, und reicht meist bis zu den Fußknöcheln. Wie alle mag. ➤ WERKZEUGE sollte auch die R. nur für mag. Zwecke eingesetzt werden.

ROSENKREUZER, okkulte Verbindungen, die auf den Begründer des R.tums, einen *Christian Rosenkreuz*, zurückgehen, der aber möglicherweise gar nicht gelebt hat. Das R.tum hat wesentlichen Einfluss auf spätere mystische Gemeinschaften wie den ➤ ORDER OF THE GOLDEN DAWN gehabt. Die vor allem im 17. und 18. Jh. tätigen R. orientierten sich weitgehend an der alchemistischen Weltsicht des ➤ PARACELSUS. Der lutherische Theologe *Johann Valentin Andreae* strebte eine Vereinigung von esot., ev.-christl. Menschen an. In der heutigen Zeit sind die R. in einem weltweiten Orden namens **A.M.O.R.C.** (**A**lter **M**ystischer **O**rden vom **R**osen**C**reutz) organisiert. Er versteht sich als eine unkonfessionelle Gemeinschaft, die sich

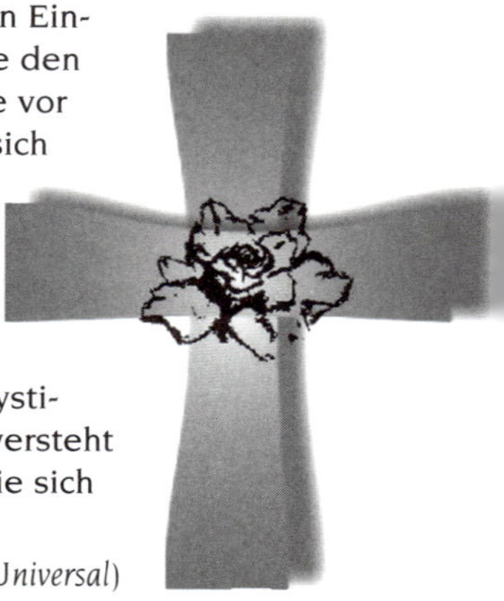

mit der Einheit des Lebens und dem Weg der ➤ MYSTIK beschäftigt. Seine Ziele sind im geistigen Bereich angesiedelt und lauten: selbstbestimmte Freiheit des einzelnen Menschen, Gleichwertigkeit aller Menschen und Geschlechter, Toleranz und Brüderlichkeit.

RUNEN (altnord.) = Geheimnis, Geflüster, Raunen. Die R. sind die ältesten Schrift- und Symbolzeichen der germ. und nordländischen Völker. Sie sind die Vorläufer unserer heutigen Buchstaben. Schon in den Schriften „Germania" des *Tacitus* (um 98 n. Chr.) finden wir Hinweise auf die Wahrsagekunst und Zukunftsdeutung mit R. Das Wort „Rune" tauchte etwa im 17. Jahrhundert auf und war in den altdts. und altnord. Sprachen gleichbedeutend mit „Geheimnis". Unser Wort „Buchstabe" kommt aus jener Zeit, als man mag. R.sprüche auf Täfelchen und Stäbchen aus Buchenholz ritzte oder schrieb. Es existieren verschiedene R.reihen mit 16, 18, 24 oder einer anderen Anzahl von R. Wie unser Wort „Alphabet" aus den griech. Anfangsbuchstaben *alpha* und *beta* besteht, so spricht man bei den R. vom sog. **„Futhark".** Dieses Wort setzt sich aus den Anfangsbuchstaben der sechs R. **F**EHU, **U**RUZ, **TH**URISAZ, **A**NSUZ, **R**AIDO und **K**ENAZ zusammen. Von allen R.-Reihen ist das 24er-System geschichtlich am eindeutigsten nachweisbar und hat sich praktisch am besten bewährt. In den germ. Mythen ist vom göttlichen Ursprung der R. die Rede. So soll Gott *Odin* sie den Menschen zum Geschenk gemacht haben. Nach altem schamanischem Brauch habe er sich neun Tage umgekehrt an einem Baum aufgehängt und die R. empfangen. Im 20. Jahrhundert entwickelte sich der „Stadha", ein R.-Yoga, bzw. wurde wiederbelebt, da dieser sicherlich schon in alten Zeiten praktiziert wurde. Auch die den R. zugeordneten Zahlen, Mondzeiten und Laute, wie in der nachfolgenden Tabelle zusammengestellt, spielen dabei eine entscheidende mag. Rolle. Schau dich mal um, wo die Formen der R. überall auftauchen: in der Natur, im Haushalt, beim Menschen, in der Körpersprache der Menschen usw.

TABELLE DES 24ER RUNENFUTHARKS

Zahl/Rune:		Assoziation:	Mondzeit (je 14 Tage):	Odala:
1	ᛟ ODALA	Erbgut, Art	Mitte Dez./Wintersonnwende	o, od, odala
2	ᛞ DAGAZ	Tag, Polarität	Anfang Januar	d, da, dagaz
3	ᛜ INGWAZ	Feuer, Ingu	Mitte Januar	ng, ing, ingwaz
4	ᛚ LAGUZ	Wasser, Leben	Anfang Februar	l, la, laguz
5	ᛗ MANNAZ	Mensch, Quintessenz	Mitte Februar	m, ma, mannaz
6	ᛖ EHWAZ	Hengst, All-Einheit	Ende Februar/Anfang März	e, ewa, ehwaz
7	ᛒ BERKA	Birke, Mutterprinzip	Mitte März/Tagundnachtgl.	b, bar, berka
8	ᛏ TIWAZ	Himmelsgott, Ziel	Ende März/Anfang April	t, tyr, tiwaz
9	ᛊ SOWILO (sol)	Sonne, Sieg	Mitte April	s, sol, sowilo
10	ᛉ ALGIZ	Elchhirsch, Dreispross	Anfang Mai	z, az, ez, algiz
11	ᛈ PERTHO	Schale, Mutterschoß	Mitte Mai	p, per, pertho
12	ᛇ EIHWAZ	Eibe, Weltenbaum	Ende Mai/Anfang Juni	ei, eihwaz
13	ᛃ JERAN	Jahr, Transformation	Mitte Juni	j, jaar, jeran
14	ᛁ ISAZ	Eis, Tod, Auferstehung	Ende Juni/Anfang Juli	i, is, isaz
15	ᚾ NAUDIZ	Not, Erlösung	Mitte Juli	n, not, naudiz
16	ᚺ HAGLAZ	Hagel, Heil	Ende Juli/Anfang August	h, ha, haglaz
17	ᚹ WUNJO	Wonne, Ernte	Mitte August	w, wu, wunjo
18	ᚷ GEBO	Gabe, Dank	Ende Aug./Anfang Sept.	g, ga, ge, gebo
19	ᚲ KENAZ	Fackel, Krankheit	Mitte Sept./Tagundnachtgl.	k, ke, kenaz
20	ᚱ RAIDO	Reise, Wagen	Ende Sept./Anfang Okt.	r, ra, raido
21	ᚨ ANSUZ	Ase, Weltseele	Mitte Oktober	as, os, ansuz
22	ᚦ THURISAZ (thorn)	Dorn, Troll	Ende Okt./Anfang Nov.	thorn, thurisaz
23	ᚢ URUZ	Urstier, Opfer	Mitte November	u, ur, uruz
24	ᚠ FEHU	Vieh, Besitz	Ende Nov., Anfang Dez.	f, fe, fu, fehu

SAGE, mündlich überlieferte Erzählung von Göttern, Geistern, Dämonen und anderen übernatürlichen Wesen. Im Gegensatz zum unterhaltenden ➤ MÄRCHEN berichten S.n oft von Ereignissen, Gestalten und Orten, die auch tatsächlich einmal existierten.

SALBUNG, zeremonieller Brauch in der Magie als Weiheakt für Einweihungen, mag. Kulthandlungen, Krankenheilung und Totensalbung. Siehe auch ➤ ÖLE.

SAMHAIN, siehe ➤ HALLOWEEN

SATANSKULT, Verehrung des ➤ TEUFELS, Gegenrichtung zur christl. Kultur, die sich ähnlicher Praktiken bedient, nur in gegenteiliger Absicht. Man sollte sehr wohl unterscheiden zwischen schwarzmag. Praktiken und Satanskult. S. führt zum Verlust der Seelenfreiheit und Individualität. Der ➤ TEUFEL missachtet das Leben, Wachsen und Gedeihen menschlicher Existenz.

SATURN, 1. Altröm. Gott des Ackerbaus.
2. Himmelsplanet „König der Ringe". Der Saturn steht für Hindernisse, Konfrontation, Tod, aber auch Erfahrung, Disziplin und Ordnung.
Metall: Blei. **Tierkreiszeichen:** *Steinbock, Wassermann.*

SCHAMANE, von (tungusisch) „saman" = einer, der außer Fassung bzw. verzückt ist und (Sanskrit) „sramana" = Bettelmönch. Schamanismus ist wahrscheinlich die älteste dem Menschen bekannte Methode des Heilens. Er ist vor allem bei den Indianerstämmen, in Sibirien und Zentralasien verbreitet. Der S. kann Geister bannen und sie bitten, Menschen zu helfen. Er versetzt sich durch Trommeln oder andere Hilfsmittel in ➤ TRANCE. Im schamanischen Bewusstseinszustand, der sog. „Nicht-Alltäglichen Wirklichkeit" (NAW), bereist der Schamane eine der Ober-, Mittel- oder Unterwelten und arbeitet dabei oftmals auch mit einem Krafttier (z. B. Adler, Bison, Pferd). Mit dessen Hilfe heilt er die kranke Seele bzw. holt verloren gegangene Seelenteile wieder zurück. Das Krafttier dient seit der Steinzeit als bedeutendster „Hilfsgeist" schamanischer Kraft.

MAGIC STORY:

DER ERSTE SCHAMANE

Kara Gyrgän, der erste Schamane der Welt, bildete sich ein, seine magische Kraft wäre unbegrenzt. Da stellte ihn Gott auf die Probe: Er fing die Seele eines jungen Mädchens und sperrte sie in eine Flasche ein. Damit die Mädchenseele nicht entkommen konnte, verstopfte Gott den Flaschenhals mit einem seiner Finger. Da kam Kara Gyrgän auf seiner Trommel sitzend angeflogen und entdeckte die Seele des jungen Mädchens. Er wollte sie befreien, und augenblicklich verwandelte er sich in eine Wespe. Mit seinem spitzen Stachel stach er Gott mitten ins Gesicht. Daraufhin zog Gott seinen Finger heraus, und die Seele des Mädchens entwich. Da wurde Gott zornig und entzog dem Schamanen Kara Gyrgän seine magische Kraft. Die Zauberkraft des Schamanen war seitdem deutlich geschwächt.

Der **SCHLÜSSEL SALOMOS** ist ein mittelalterliches Zauberbuch mit mag. Anweisungen, Beschwörungen, Gebeten und Planeten-
➤ PENTAKEL.

Die vier **SCHLÜSSELWÖRTER** WISSEN, WOLLEN, WAGEN, SCHWEIGEN bilden die „vier Säulen" des Magiers.

SCHREIBEN, AUTOMATISCHES, das Schreiben einer Person, die durch einen Geist geführt wird oder sich im ➤ TRANCE-Zustand befindet.

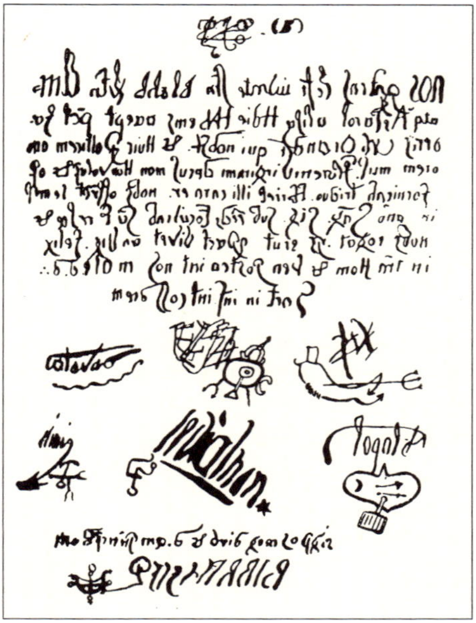

... von Geisterhand geschrieben?

Automatisches Schreiben (Quelle: „Goethes Faust und der Geist der Magie", Dr. Henri Birven, Talisverlag, Leipzig 1923).

SCHWERT, ein Symbol und Instrument in der zeremoniellen Magie. Das S. wurde nicht nur als Waffe eingesetzt, darüber hinaus schlug man auch damit (vorwiegend) Männer zu Rittern. Somit symbolisiert es Kraft, Männlichkeit, Verteidigung und scharfen Verstand. In der mag. Praxis, als kleinere Ausführung wie Dolch oder Messer gebräuchlich, dient es zum Schneiden, Trennen und Ziehen von Kreisen und Grenzen.

SEELE, das unvergängliche, spirituelle Lebensprinzip, das den Körper von Menschen, Tieren und Pflanzen und nach manchen Traditionen (z. B. Animismus) auch sog. „unbelebte" Gegenstände wie Steine u. a. „beseelt".

SEELENVERLUST ist nach schamanischer Lehre die Ursache aller Krankheiten und Unglücksfälle. S. kann durch den Verlust eines geliebten Menschen, sexuellen Missbrauch, akute Erkrankungen und Operationen hervorgerufen werden.

Mit dem **SEGENSSPRUCH** „Gesegnet seist du ..." oder „Gepriesen seist du ..." begrüßen und verabschieden sich Hexen gegenseitig. Auch alles, was in ein ernsthaftes Weiheritual mit einbezogen wird, steht unter mag. Segen. Der Segen lenkt die Geschicke in eine gute, lebensfördernde Richtung.

SIGILLE, von (lat.) „sigillum" = Siegel. Mag.-graphisches Zeichen, in dem eine Willensbotschaft verborgen ist.

Die **SIGILLENMAGIE** ist eine magisch mega-coole Sache, bei der deiner Fantasie und Kreativität keine Grenzen gesetzt sind. Mit dieser einfachen Methode kannst du auch als Anfänger ohne komplizierte Rituale oder aufwendige Materialien in kurzer Zeit gute Erfolge erzielen.

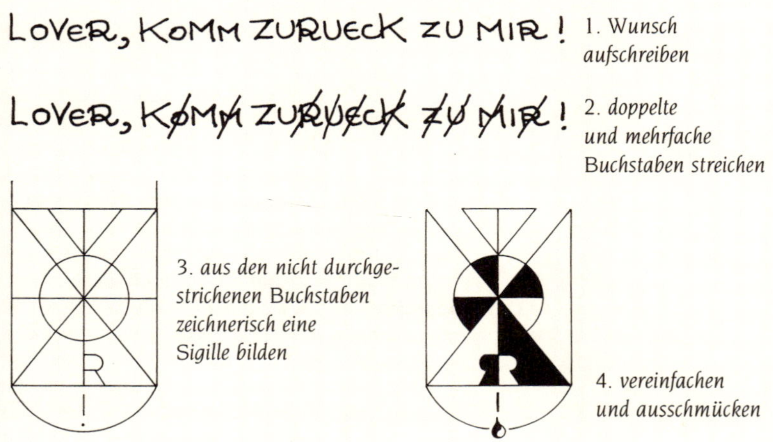

Herstellung einer Sigille (siehe „Magische Übung" S. 110)

MAGISCHE ÜBUNG:

HERSTELLUNG EINER SIGILLE

Die Herstellung einer Sigille erfolgt in sieben mag. Schritten. Mache diese Übung wirklich step by step, damit die Sigillen-Magie auch tatsächlich funktioniert.

1. AUSDENKEN
2. AUFSCHREIBEN
3. BUCHSTABEN STREICHEN
4. SIGILLE BILDEN
5. VEREINFACHEN UND STILISIEREN
6. LADEN DER SIGILLE
7. BANNEN DER SIGILLE

1. **DENKE dir einen Wunsch aus und formuliere ihn** (z. B.: „Lover, komm zurück zu mir!"). Achte darauf, dass dein Wunsch auch zu verwirklichen ist und niemanden verletzt.
2. **SCHREIBE deinen Sigillen-Spruch auf ein Blatt Papier.** Schreibe Umlaute und Zahlen aus: Also nicht „zurück", sondern „zurueck", nicht „1000", sondern „Tausend" (*siehe* Abb. 1, S. 109).
3. **STREICHE doppelte und mehrfache Buchstaben aus** (*siehe* Abb. 2, S. 109).
4. **BILDE aus den nicht durchgestrichenen Buchstaben zeichnerisch eine Sigille** (*siehe* Abb. 3, S. 109).
5. **VEREINFACHE nun die Sigille und schmücke sie stilistisch nach deinem Geschmack aus** (*siehe* Abb. 4, S. 109).
6. **LADEN deiner Sigille**. Und das geht folgendermaßen: Stell dir das so vor, als würdest du eine Software auf deine Festplatte laden. Schließ die Augen. Mache die kurze MBM (siehe ➤ MEDITATION) und versuche danach, deinen Geist von allen störenden Gedanken zu befreien. Wenn du das Gefühl der völligen Leere erreicht hast, kannst du mit dem „Laden" beginnen. Starre deine S. mit weit geöffneten Augen einige Sekunden lang an und spanne dabei die Muskeln deines Körpers an. Mache diese Übung insgesamt 3-mal. Wende dabei das Prinzip der Anspannung und Entspannung an wie bei der ➤ ATEMÜBUNG.
7. **BANNEN deiner Sigille**. Damit die Sigille wirken kann, musst du sie gänzlich vergessen. Ja, du hast richtig gelesen. Du solltest jetzt alles tun, um die Angelegenheit SIGILLE abzuschließen. Am besten bewährt hat sich das LACHEN, denn das lenkt dich davon ab. Also lache ein paar Mal herzhaft. Oder lenke dich ab, indem du TV guckst, am Computer spielst oder Sport treibst. Sollte sie jedoch wider Erwarten wieder in deinen Gedanken oder auf eine andere Weise auftauchen, hat sie dir bestimmt noch etwas zu sagen ...

Anwendung der Sigillen:

- Du kannst das Sigillen-Papier zusammen mit Zauberkräutern verbrennen.
- Du kannst die Sigille in einem Medaillon bei dir tragen.
- Du kannst die Sigille draußen in der Natur an einem mag. Ort in die Erde zeichnen oder das Papier dort vergraben.

Denke dir einfach etwas aus, dir fällt sicherlich etwas Originelles und Lustiges ein. Ich wünsche dir megamagisch viel Spaß dabei!

WARNUNG! Sigillenmagie wirkt oft sehr schnell und heftig. Also überleg dir gut, was du dir wünschst und unter Umständen damit heraufbeschwörst ... !

SOMMERSONNWENDE, siehe ➤ LITHA

Die **SONNE,** Feuerball und Lebensspenderin, Symbol des Feuers und des Sieges. Sie wurde und wird in vielen Kulturen als Verkörperung der höchsten Gottheit verehrt. Bedeutende Sonnengötter sind: *Re*, *Osiris*, *Horus* (ägypt.), *Helios*, *Apollo* (griech.), *Sol* (röm.) und *Mithras* (pers.). In der ➤ ASTROLOGIE ist die S. der wichtigste Himmelskörper.
Metall: Gold. **Tierkreiszeichen:** *Löwe*.

SPARE, Austin Osman (1886-1956), engl. Magier, Maler und Schriftsteller. Er ist der Erfinder der ➤ SIGILLENMAGIE. S.s Magie ist künstlerisch hochwertig und frei von myst. oder rel. Systemen oder Weltanschauungen. Das macht seine Werke für die heutige Zeit interessant.

SPHINX, geflügeltes Mischwesen mit Menschenkopf und Löwenleib aus der ägypt. ➤ MYTHOLOGIE. Die bekannteste Darstellung mit dem Haupt des Königs ist die SphiYnx von Giseh (Ägypten), die gleichzeitig den Sonnengott darstellt.

SPIEGELMAGIE funktioniert ähnlich wie das Schauen aus einer Kristallkugel. Der Spiegel, von traditionsbewussten Magiern mit eigenen Händen hergestellt, dient quasi als Bildschirm für in ➤ TRANCE empfangene Bilder. Der mag. Spiegel sollte einzig vom Besitzer und Benutzer angeschaut und zu Ritualen verwendet werden.

SPIRITISMUS, Sammelbegriff für Methoden, mit Geistern verschiedenster Art mittels eines ➤ MEDIUMS zu kommunizieren. Zu diesem Zweck wird eine sog. Séance, eine Sitzung oder Versammlung zur Anrufung der Wesen, abgehalten. Das Medium fällt in Trance, der angerufene Geist ergreift Besitz von ihm und teilt ihm seine Botschaft durch Stimmen, automatisches ➤ SCHREIBEN, Malen o. ä. mit.

SPIRITUELL (lat.) = geistig, immateriell, transzendental.

SPUK, siehe ➤ PARAPSYCHOLOGIE

STARHAWK (geb. 1951), bürgerl. Name: *Miriam Simos*, Diplom-Psychologin, Hexe und Autorin. Sie ist eine Vertreterin des „Öko-Feminismus", einer Verbindung aus ökologischem, spirituellem und politischem Engagement. S. gründete mehrere Covens (Hexenzirkel) und arbeitet als Dozentin am „Institute for Culture and Creation Spirituality" in Oakland, Kalifornien.

Der **STAB** ist dem ➤ ELEMENT ➤ FEUER zugeordnet und zählt neben ➤ SCHWERT, ➤ ATHAME (Dolch), ➤ KELCH u. a. zu den wichtigen Utensilien des Magiers. Im mag. Ritual steht er für das Element ➤ LUFT. Siehe auch ➤ ZAUBERSTAB.

STEIN DER WEISEN. Das von vielen Magiern der ➤ ALCHEMIE ersehnte Ziel: Mit dem S. d. W. unedle Metalle in edle, z.B. Gold, verwandeln zu können.

STEINER, Rudolf (1861-1925), Schriftsteller und Philosoph, Begründer der ➤ ANTHROPOSOPHIE. Er entwarf das in Dornach bei Basel stehende Goetheanum, eine anthroposophische Lehrstätte. Des Weiteren ist er der geistige Vater der weltweit verbreiteten Waldorf-Schulen, der anthroposophischen Medizin, der Eurythmie und des biologisch-dynamischen Landbaus.

Das **STIRNBAND** gehört ebenfalls zu den mag. ➤ WERKZEUGEN. Es fördert die Konzentration, wirkt schützend und aktivierend auf das Dritte Auge. Wenn du es einsetzen willst, verwende ein S. aus beliebigem Material und eine Farbe deiner Wahl. Du kannst es nach deinen Wünschen verzieren, besticken und mit passenden Edelsteinen schmücken.

SUFISMUS, uralte essenzielle Weisheitslehre mit Wurzeln in allen Religionen. Ein Sufi war bzw. ist ein Weiser und Magier des Orients. In der ➤ MYSTIK des ➤ ISLAM, in ➤ TANZ, Dichtung, ➤ MUSIK, Kalligraphie und Baukunst, entfaltete der S. seine schönsten Blüten. Heute lebt der S. auch im Westen in zeitgemäßen Formen weiter.

SUGGESTION, von (lat.) „suggere" = von unten herantragen, einflüstern. Die S. ist eine starke geistige und seelische Beeinflussung, die bestimmte

Vorstellungen weckt. Sie wird in Techniken der Magie und ➤ HYPNOSE angewandt. Durch Bewusstseinsveränderung gelangt der Hypnotisierte in einen Zustand erhöhter ➤ KONZENTRATION und Aufmerksamkeit. Dabei können S.en besonders wirksam sein.

SUKKUBUS, (lat.) von „succumbere“ = sich beschlafen lassen. Weiblicher Dämon, sozusagen eine Geisterbraut, die sich nachts den Männern hingibt.

SYLPHEN sind engelsgleiche ➤ ELEMENTARGEISTER der Luft und erscheinen zuweilen in der Gestalt von Vögeln. Sie schenken den Menschen Inspiration und Begeisterung.

SYMBOL, (griech.) = Sinnbild, Zeichen oder Kennzeichen. Eine bildliche Darstellung eines Gedankens oder einer Idee. Das Studium der Symbolik und die Praxis mit S.en ist für Magier und Hexen eine wichtige Voraussetzung ihrer mag. Arbeit.

SYMBOLE, MAGISCHE

Yin-Yang-Zeichen, traditionell

»Shou«, chin. Zeichen für langes Leben

»Triskel« (keltisch)

Sigel aus der ältesten bekannten Zauberrolle (Oberösterreich, 1594)

Hexen-Schutzzeichen

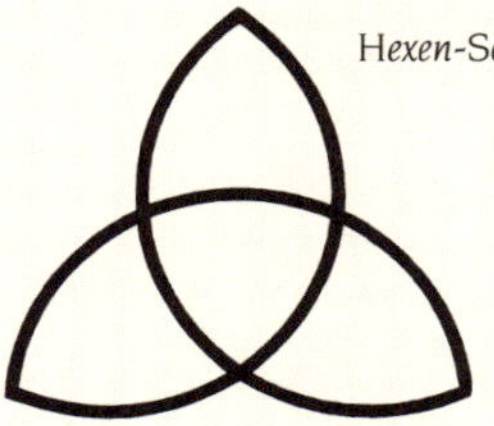

Doppelaxt des Zeus (altkretisch)

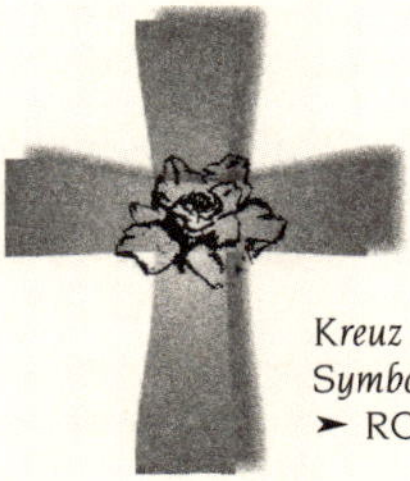

Kreuz mit Rose, Symbol der ➤ ROSENKREUZER

Das **TAGEBUCH DER MAGIE** ist wie das ➤ BUCH DER SCHATTEN ein unerlässliches Tagebuch für mag. Lehrlinge. Es ist dir bei deinen spirituellen Fortschritten eine wertvolle Hilfe. Im Gegensatz dazu ist es aber nicht nur als Tagebuch für weibl. Hexen bestimmt.

MAGISCHER TIPP:

Du kannst in deinem Tagebuch der Magie Notizen machen, Symbole zeichnen, wichtige Begriffe oder Übungen aus dem **BUCH DER MAGIE** *übernehmen usw. Es sollte ganz allein für dich bestimmt sein. Zeichne alles darin auf, was du an mag. Erlebnissen hast. Und lies regelmäßig darin.*

Jede **TAGESZEIT** hat ihre eigenen Wirkungen und astrologischen Einflüsse auf dich und deine mag. Arbeit. In der Tabelle ➤ PLANETENSTUNDEN findest du zu den jeweiligen Tagesstunden die vorherrschenden Himmelskörper. Wähle die in den Tabellen unter dem Begriff ➤ PLANETEN passenden ➤ ELEMENTE und ➤ ASSOZIATIONEN für deine mag. Rituale.

TALISMAN, von (arab.) „tilsaman“ = mag. Zeichen; ähnlich dem ➤ AMULETT ein Gegenstand aus einem bestimmten Material (Holz, Stein, Metall) oder von einfacher Beschaffenheit, der als Schutzzeichen oder Gegenstand zur Erfüllung von Wünschen dient und am Körper getragen wird. Die Kraft der Wirkung wird nicht vom T. selbst verursacht, sondern liegt im festen Glauben des Trägers. Siehe auch ➤ AMULETT.

TANTRA, rel.-yogische Richtung aus dem ➤ HINDUISMUS und ➤ BUDDHISMUS, die die Befreiung des menschlichen Geistes zum Ziel hat und nicht – wie fälschlicherweise oft angenommen – nur zügellose sexuelle Praktiken vermittelt. Leider wird heute unter dem Begriff T. vieles angeboten und verzerrt, was der ursprünglichen Bedeutung nicht gerecht wird. Sicherlich spielen beim T. auch sexuelle Praktiken eine Rolle, aber mit der Absicht zur Selbstfindung und bewussten Vereinigung von Mann und Frau.

TANZ. Schon seit Tausenden von Jahren gibt es mag. Tänze. Von jeher wollten die Menschen dem Himmel näher sein und traten dadurch mit Geistern und Göttern in Verbindung. An den Wänden geheimnisvoller Höhlen künden noch heute uralte Felszeichnungen von tanzenden Schamanen. Einen T. können wir dann als mag. bezeichnen, wenn er zu Ehren eines Gottes oder Göttern, Naturgeistern, Pflanzen und Tieren gefeiert wird, wenn die Tänzer ein starkes Kraftfeld aufbauen oder wenn sie die empfangene Energie zur Heilung einsetzen. Die Tänze aus verschiedenen Traditionen und Religionen der Welt fanden ihren Weg auch zu uns ins Abendland, und es bildeten sich Kreise, die diese Bräuche übernahmen.

HEXENTÄNZE – Auf den ➤ HEXENSABBATEN tanzen die Hexen links herum – wie der Lauf des Mondes – ums Feuer. Beim Tanzen im Vollmondlicht rufen sie die Geister herbei. Sie tragen Masken, springen über die Flammen, halten Opfermahlzeiten ab und ehren Bäume, Quellen und heilige Steine. Die Kräfte des Mondes verstärken die Zauberkraft des Tanzes. Bei den Hexentänzen wird ebenfalls mit den fünf Elementen gearbeitet.

SCHAMANENTÄNZE – Auch die Schamanentänze dienen zur Beschwörung von Geistern und werden vor allem für Heilungen eingesetzt. Der Schamane ist, je nach Tradition, mit einem speziellen Gewand bekleidet, schlägt meist eine Trommel in monotonem Rhythmus und ruft im Zustand der ➤ TRANCE ein Krafttier an (➤ SCHAMANE). Mit dessen Hilfe schaut er in die Zukunft oder bringt verlorene Seelenteile kranker Menschen wieder zurück.

INDIANERTÄNZE – Die Indianer verfügen über eine reiche Tradition mag. Tänze, von denen einer eine ganz besondere Bedeutung hat: **der Sonnentanz**. Er ist das wichtigste Ritual nordamer. Indianerstämme. Schon Monate vor dem meist zur Sommersonnenwende stattfindenden Sonnentanz beginnen die Vorbereitungen. Für diese Zeremonie wird eigens ein Baum gefällt und am Tanzplatz feierlich aufgestellt. Die Indianer reinigen sich in der Schwitzhütte und bemalen sich zeremoniell. Während drei bis vier Tagen essen und trinken die Tänzer nichts und legen nur Ruhe- und Schlafpausen ein. Sie tanzen sich oft derart in Ekstase, dass sie Visionen bekommen. Mit dem Sonnentanz können sie in die Zukunft sehen, und gleichzeitig ist das Ritual ein Dankesfest an den Gott *Manitou* oder *Wakan Tanka*, den Großen Geist.

DERWISCHTÄNZE – Tanzende Derwische sind ursprünglich Magier des Orients. Die Männer, und in der heutigen Zeit auch Frauen, in wallenden weißen Gewändern mit hohen Hüten, sind in der Türkei oder in arab. Ländern beheimatet, doch auch bei uns in Europa gibt es seit Anfang des 20sten Jahrhunderts Schulen. Im Derwischtanz bewegen sie sich im Kreis um ihren Meister und drehen sich gleichzeitig um ihre eigene Achse. Und das alles vermögen sie sogar mit geschlossenen Augen! Das Magische dabei ist, dass sie, selbst in Ekstase, immer die völlige Kontrolle über ihren Körper besitzen. Der Tanz der Derwische stellt die urtypischen Bewegungen der Planeten um die Sonne dar. Für die Derwische ist er ein heiliges Ritual, und Sinn und Ziel bestehen darin, sich mit dem Göttlichen zu vereinigen.

Beim Tanzen und Drehen entstehen im Körper Glückshormone, und bei regelmäßiger Praxis weiten sich Wahrnehmung und Bewusstsein. Mag. Tänze sind die Ursache für eine stabile körperliche, geistige und seelische Gesundheit und bescheren den Hexen und Hexern, Schamanen und Indianern, Derwischen und anderen Tanzmagiern ein langes Leben.

MAGISCHER TIPP:

Achtung: Wer mag. Tänze ernsthaft erlernen will, sollte einen erfahrenen Tanzleiter aufsuchen, der es versteht, die Tänze interessant rüberzubringen und mit den erweckten Energien und Geistwesen behutsam umzugehen. Info unter: www.magicult.de

Dies ist ein Auszug aus dem Beitrag „Zaubertänze", den ich für das mag. Mädchenmagazin **w.i.t.c.h.** Nr. 04/2002 *schrieb.*

TAOISMUS, von (chin.) „tao" = Weg, Vernunft. Die myst.-buddh. chin. Religion, die auf *Laotse* zurückgeht und auf Natur- und Geisterkult gründet.

Das oder der **TAROT** (sprich: taro) ist ein aus alter Zeit überliefertes und für die mag. Praxis wichtiges Kartenspiel. Früher diente es als Gewinnspiel und entwickelte sich allmählich zu einem Wahrsagespiel. Manche behaupten, der Name T. gehe auf das hebr. Wort „Thora", das Gesetz, zurück. Andere glauben, es sei ein Buch des T*hot*, des ägypt. Gottes der Magie und Forschung. Das Marseiller T. ist das angeblich älteste T. und geht auf das Jahr 1760 zurück. In seiner heutigen Form wurde es 1930 festgelegt. Die Menschen unserer Zeit entdecken es als „Spiel der Seele" ganz neu. Man kann das T. als eine mag.-metaphys. Weisheitslehre in Bild- und ➤ SYMBOL-Sprache bezeichnen. Mit ihm hast du die Möglichkeit, in tiefere Bereiche deines Geistes und deiner Seele zu gelangen, deine verborgenen mag. Kräfte zu entdecken und es zum Wahrsagen zu verwenden.

Der Satz, auch T.-Deck genannt, besteht aus meist 78 Karten. Man spricht von den Großen und Kleinen „Arcana" = Mz. des lat. Wortes „arcanum", das Geheimnis bedeutet. Also gibt es 22 Große und 56 Kleine Geheimnisse. Die **Großen Arkana**, auch Trumpfkarten genannt, symbolisieren einen Einweihungsweg und erzählen die Reise des (Sonnen-)Helden mit Bezug zur Weltentstehungsgeschichte.

Die **Kleinen Arkana** bestehen aus 56 Karten zu je vier Gruppen oder Farben: Stäbe, Schwerter, Münzen und Kelche. Davon sind 16 Hofkarten (König, Königin, Ritter und Bube) und 40 Zahlenkarten (As, Eins, Zwei, Drei, Vier, Fünf, Sechs, Sieben, Acht, Neun, Zehn).

Die Serien bzw. Farben sind den jeweiligen Elementen zugeordnet:
Stäbe = Feuer
Schwerter = Luft
Münzen = Erde
Kelche = Wasser

DIE GROSSEN ARKANA (22 KARTEN) UND IHRE BEDEUTUNG:

Nr.
0 – **Der Narr** – Chaos, Neubeginn
1 – **Der Magier** – Wille
2 – **Die Hohepriesterin** – Liebe, Weisheit
3 – **Die Herrscherin** – Neue Impulse, Veränderung
4 – **Der Herrscher** – Stabilität
5 – **Der Hierophant** – Glaube
6 – **Die Liebenden** – Entscheidung
7 – **Der Wagen** – Erfolg
8 – **Kraft** – Verständnis, Toleranz
9 – **Der Eremit** – Klugheit, Stille
10 – **Rad des Schicksals** – Karma
11 – **Die Gerechtigkeit** – Gesetz
12 – **Der Gehängte** – Prüfung
13 – **Tod** – Transformation
14 – **Mäßigkeit** – Harmonie, Frieden
15 – **Der Teufel** – Egoismus
16 – **Der Turm** -Umsturz
17 – **Der Stern** – Hoffnung
18 – **Der Mond** – Illusion, Unterbewusstsein
19 – **Die Sonne** – Glück, Lebensfreude
20 – **Gericht** – Auferstehung, Regenerierung
21 – **Die Welt** – Welt, Selbst

Tarot, »Der MAGIER«
Original-Spielkarte
(*Deutsche Ausgabe*: © 1982 AG MÜLLER / URANIA VERLAGS AG *Neuhausen/Schweiz*
Amer. Original Ausgabe: © 1971 U.S. GAMES SYSTEMS, INC., CT 06902).

DIE KLEINEN ARKANA (56 KARTEN) UND IHRE BEDEUTUNG:

STÄBE**:** **5** – Wettbewerb, **6** – Zögern, **7** – Entschluss, **8** – Neue Pläne, **9** – Atempause, **10** – Vollendung, **Bube** – Fröhliches Kind, **Ritter** – Der Vermittler, **Königin** – Die Lebenskünstlerin, **König** – Der faszinierte Mann.

KELCHE: **5** – Abschied, **6** – Erinnerung, **7** – Fantasie, **8** – Weggehen, **9** – Glück, **10** – Familie, **Bube** – Aufregung, **Ritter** – Der Verführer, **Königin** – Die Partnerin, **König** – Der Partner.

SCHWERTER: **5** – Eifersucht, **6** – Reise, **7** – List, **8** – Lähmung, **9** – Sorgen, **10** – Niederlage, **Bube** – Das schwierige Kind, **Ritter** – Der Hilfreiche, **Königin** – Die energische Frau, **König** – Der streitbare Mann.

MÜNZEN: **5** – Not, **6** – Geschenk, **7** – Kontinuität, **8** – Veränderung, **9** – Anerkennung, **10** – Reichtum, **Bube** – Das fleißige Kind, **Ritter** – Der Glücksritter, **Königin** – Die reiche Frau, **König** – Der Macher.

Es gibt noch weitere Ausführungen der T.karten, wie z. B. Zigeuner-T., Engel-T. usw.

TEGTMEIER, Ralph, Ordensname: Frater V.·. D.·., (*1.11.1952). Neuzeitlicher Magier und esot. Schriftsteller. Er verfasste zahlreiche Bücher über ➤ TAROT, ➤ RUNEN, praktische ➤ MAGIE u. a.

TELEKINESE, von (griech.) „tele" = fern und „kinein" = bewegen. T., auch Psychochinese genannt, ist die Fähigkeit, Gegenstände aller Art durch bloße Willens- bzw. Gedankenkraft zu bewegen. Dazu gehören u. a. Phänomene wie das Verbiegen von Löffeln (➤ GELLER, Uri), Gegenstände durch die Luft fliegen lassen (*Prue Halliwell* aus „Charmed") und das Verändern von bestimmten Substanzen.

TELEPATHIE (griech.) = Fern-Erleiden. Phänomen der ➤ ASW, das sind die außersinnlichen Wahrnehmungen. Unter T. versteht man die Verständigung zwischen zwei Menschen oder auch zwischen Menschen und anderen Lebewesen auf rein geistige und seelische Weise, ohne dass diese miteinander sprechen oder sich auf andere Art verständigen. Die T. wird auch mit dem Gedankenlesen gleichgesetzt, was so nicht ganz richtig ist, weil es sich dabei nicht nur um die Übertragung von Gedanken handelt, sondern auch gefühlsmäßige, seelische Dinge eine Rolle spielen.

TEMPEL. Es wäre schön, wenn du die Möglichkeit hättest, einen Raum als T. zu gestalten. Es kann auch dein eigenes Zimmer sein. Der T. ist dein persönlicher ➤ KRAFTORT, an dem du Energien aufbaust und mit ihnen arbeitest. Er soll dir als Ort der ➤ KONZENTRATION und Kontemplation (darin steckt das Wort Tempel!), für ➤ MEDITATION und mag. ➤ RITUALE dienen. Halte diesen Raum nicht nur von Schmutz und Unordnung frei, sondern auch von neg. Gedanken. Der T. sollte die Grundlage deiner bzw. eurer mag. Rituale und Zeremonien bilden.

MAGISCHES RITUAL:

VORBEREITUNG UND REINIGUNG DES TEMPELS

Gestalte und schmücke deinen bzw. euren Tempel mit geliebten Gegenständen und mag. ➤ WERKZEUGEN, *Bildern, Blumen etc. Zur Einweihung dieses „heiligen Bezirkes" – und grundsätzlich vor allen Ritualen – räuchere den Raum zuerst gründlich (bis in alle Ecken) mit Weihrauch oder einem anderen reinigenden* ➤ RÄUCHERWERK *aus. Dann schreite den Raum von Osten nach Norden ab und sprich eine* ➤ ANRUFUNG. *Als Alternative kannst du auch einen* ➤ KELCH *mit Salzwasser nehmen und von der Flüssigkeit in alle Richtungen sprengen. Achte darauf, keine negativen Gedanken zuzulassen, und weise auch die am Ritual Teilnehmenden darauf hin. Ziehe gen Osten ein bannendes Pentagramm, wie unter* ➤ PENTAGRAMM *beschrieben. Stelle dir vor, der Gegenstand oder deine Hand, mit dem du das Pentagramm zeichnest, sei eine Art „Feuer-" oder „Licht-Stift". Nun ziehe jeweils ein Pentagramm im Süden, Westen und Norden. Diese leuchtenden Pentagramme bilden die Schutzmauer für eure magischen Rituale im Tempel.*

TEUFEL, von dem (ahd.) Wort „tiufal", welches auch mit dem got., lat. und griech. Wort „diabulus" bzw. „diabolos" verwandt ist, was Verleumder, Feind und Entzweier bedeutet. Der T. ist seit Urzeiten Gestalt und Symbol des Bösen. Nach manchen Traditionen oder Religionen ist er existent, und zwar nicht nur in den Gedanken der Menschen. In der Mystik wurde der T. oft als eine behaarte männliche Gestalt mit Hörnern, Schwanz und Pferdefüßen dargestellt. Der T. wird häufig mit Satan (➤ SATANSKULT) oder ➤ LUZIFER, dem gefallenen einstmaligen Engel, gleichgestellt.

THEOSOPHIE, von (griech.) „theos" = Gott und „sophia" = Weisheit. **1.** Die Lehre der Theosophischen Gesellschaft, einer okkulten Organisation, die 1875 von Helena ➤ BLAVATSKY und anderen gegründet wurde. **2.** T. ist auch der Sammelbegriff für Systeme, die das Verhältnis des Menschen zum Kosmos und zur Gottheit beschreiben. Dazu kann man bereits die philosophische Schule des Neuplatonismus (3. Jh. n. Chr.), die frühchristliche Gnostik und die Lehre der ➤ KABBALA zählen.

THEURGIE, von (lat.) „theurgos" = göttliche Handlung; gleichzusetzen mit göttlicher oder weißer Magie.

TIERE, MAGISCHE. Seit Urzeiten werden die Menschen bei ihren mag. Bräuchen von Tieren begleitet und unterstützt. Im Schamanismus (➤ SCHAMANE) spricht man von „Krafttieren", die dem Schamanen in seinem Ritual behilflich sind. Eigentlich hat jedes Tier mag. Anlagen und besitzt mehr oder weniger verschiedenartige Kräfte. Zu allen Zeiten jedoch wurden den T.n vom Menschen extreme, oft ersonnene Eigenschaften zugewiesen. Sie mussten so zum Träger der Projektionen für Ängste und verdrängte Schattenseiten menschlicher Psyche herhalten. Nachstehend sind einige T. und Fabelwesen aufgeführt, die in der ➤ MYTHOLOGIE besondere Erwähnung fanden.

Adler: Er ist der „König der Lüfte", Symbol für ➤ TRANSZENDENZ, Klarheit, Macht, Stärke und Siegeswillen. Schon für die alten ➤ SCHAMANEN war er ein unentbehrlicher Begleiter. Der Greifvogel kommt auch im heiligen Tetragrammaton (JHVH) vor, und zwar als Buchstabe H. In der ➤ ASTROLOGIE war er ursprünglich dem Skorpion zugeordnet.

Drachen: Dieses Wort geht auf (griech.) „drakon" = Drache, Schlange zurück. In vielen Märchen und Legenden bewachen D. heilige Orte oder wertvolle Schätze. Die stärkste Waffe des D. ist sein Feuer, das er aus Maul und Nase speit. J. R. R. ➤ TOLKIEN hat den D. in seinen Geschichten richtig Charakter gegeben.

Einhorn: In den Mythen afrik., asiat. und europ. Völker wird seit Urzeiten von einem einhornigen Tierwesen erzählt. Viele Schreiber des Altertums berichten davon. So will der griech. Philosoph Xenophon (um 430-354 v. Chr.) ein solches Tier mit eigenen Augen gesehen haben. Wie auch immer, das Einhorn verkörpert als Symbolfigur Sanftmut, Reinheit, Schönheit und Stärke.

Von Nahrung deß Einhorns.

OB es wol mit andern Thieren in der Wildnuß sich weidet/ so ist es dannoch wie andere Thier in seinem Alter wild/ und wie etliche sagen/ Fleischfrässig/ welches wol zu glauben ist. Man sagt auch das Einhorn trincke auß keinem Fluß/ es habe dann zuvor sein Horn hinein gesteckt/ und das Wasser von Gifft und gifftigen Thieren dadurch gereiniget.

Einhorn

Eule: Ein Vogel mit wahrhaft mag. Eigenschaften: Er kann nicht nur in der Nacht sehen, sondern verfügt auch über ein außergewöhnliches Gehör. Sein Flug ist – auf Grund der Beschaffenheit seiner Federn – fast lautlos. Das alles macht die Eule so geheimnisvoll und unheimlich. Sie wurde daher oft mit dem Bösen in Verbindung gebracht. Bereits bei den Römern galt sie als Unheilsbringerin, ihr Ruf in vielen Kulturen als schlechtes Zeichen. Doch in der griech. Mythologie war sie eine Gefährtin der Göttin *Athene*, die sie als Wahrheitsberaterin einsetzte. So gilt die E. im Volksglauben auch als weises und hellsichtiges Tier.

Fledermaus: Im frühen Aberglauben nahm man an, dass sie Unglück, Krankheit und Tod bringen würde. Teufel und Dämonen im christl. Mittelalter wurden oft mit Fledermausflügeln dargestellt. Dabei sind diese Tierchen wirklich harmlos. Allerdings können sie Krankheiten übertragen, was vermutlich der wahre Grund dafür war, dass man sie mied. Im Vampirismus heißt es, dass sich Vampire in Fledermäuse verwandeln können.

Hund: Der Nachkomme des Wolfs und ältestes Haustier des Menschen hat eine zwiespältige Rolle. Zum einen gilt er in manchen Traditionen als „unrein“ (im Islam u.a.), zum anderen ist er ein sehr treuer und wacher Begleiter des Menschen, Hunde verfügen über paranormale Fähigkeiten (➤ TELEPATHIE). Darum hielt *Hekate* sie, damit sie Dämonen erkannten. Bei den Ägyptern wurde der hundsköpfige *Anubis* als Totengott verehrt.

Katze: Sie wurde schon im alten Ägypten als heiliges Tier geschätzt. Die Finsternis, der Mond und geheimes Wissen wird ihr zugeordnet. Im Mittelalter galt die K. als Wiedergeburt des Teufels. Von Hexen und anderen Frauen wurde gesagt, dass sie durch die K. Verbindung zum Teufel aufnehmen und sich selbst in Katzen verwandeln konnten. K.n symbolisieren Weisheit, Fruchtbarkeit und Hellsichtigkeit.

Rabe: Ein sagenumwobenes Tier. Der „schwarze Rabe“ oder auch die Krähe galten als Galgenvogel und Unheilsbringer. In anderen Kulturen, z. B. bei den Eskimos und den nordamer. Indianern, wird er auch als Schöpfergott verehrt. Auf den Schultern des germ. Gottes *Odin* saßen zwei R.n als weise Berater. R.n sind äußerst intelligente Tiere und die mit ihnen verwandten Dohlen können sogar die menschliche Sprache nachahmen.

Schlange: Sie nimmt in den Mythen einen wichtigen Platz ein. Die S. ist ein Sinnbild des Unbegreiflichen, Unheimlichen und Unendlichen. Um den mag. ➤ CADUCEUS-Stab winden sich zwei S.n, Kennzeichen für körperliche und alchemistische Kräfte. Die sich häutende Schlange ist Symbol für die Auferstehung und das Leben. In der Paradiesgeschichte von *Adam* und *Eva* spielt sie die Verführerin zur Sünde und die Personifizierung des Bösen. Die germ. Midgard-S. führt den Weltuntergang herbei. Im ➤ BUDDHISMUS versinnbildlicht sie den Zorn. So ist das Erscheinungsbild der S. von Volk zu Volk unterschiedlich und lässt schier endlose Deutungen zu.

Skarabäus: Sog. „Pillendreher“, ein Käfer, der ein Mistkügelchen vor sich herrollt. Er ist ein beliebtes Glückszeichen und Symbol des Sonnengottes der alten Ägypter. Er kommt häufig als Nachbildung eingraviert auf ➤ AMULETTEN oder anderen Gegenständen vor.

Wolf: Viele Legenden und Mythen ranken sich um das 30 Millionen Jahre (!) alte Raubtier. Vielfach wurde in der ➤ MYTHOLOGIE und wird auch heute noch durch die Medien ein falsches Bild vom W. verbreitet, nämlich das von der blutrünstigen, mörderischen Bestie. In Wahrheit ist der W. ein sehr intelligentes, soziales, menschenfreundliches und friedliebendes Tier. Die alten Römer feierten das Fest der Wölfin *Luperca*, die *Romulus* und *Remus* säugte, die Gründer Roms. Der W. steht für Individualität genauso wie für Gemeinschaftssinn, Treue und Schutz.

Beim **TISCHRÜCKEN,** ähnlich dem ➤ GLÄSERRÜCKEN sitzen die Teilnehmer an einem Tisch, legen ihre Hände flach auf die Tischplatte und versuchen, allein durch Gedanken- und Willenskraft den Tisch zu bewegen.

TOLKIEN, John Ronald Reuel (1892-1973), Hochschullehrer, Mythologie-Forscher und Autor der Trilogie „Der Herr der Ringe" (1954/55), „Hobbit" (1937) und anderer Werke.

TRANCE (franz.), von (lat.) transitus = Übergang. Die T. ist ein schlafähnlicher Zustand, bei dem keine Herrschaft des Willens mehr über sich selbst und den Körper besteht. Es gibt drei Hauptformen:
1. **Hypnotisch:** Der ➤ HYPNOSE-Therapeut bewirkt beim Klienten eine Bewusstseinsveränderung durch Steigerung der Konzentration, Visualisation und Entspannung.
2. **Als Medium:** Das Medium wird von einem fremden Geist in Besitz genommen. Oft sind sich Medien der Verhaltensweisen oder Äußerungen in T. gar nicht bewusst oder können sich nicht daran erinnern.
3. **Schamanistisch:** Mit Hilfe einer in monotonem Rhythmus geschlagenen Trommel (teilweise Ausschaltung der Sinnesreize = „sensorische Deprivation"), ➤ TANZ oder anderer ➤ MUSIK versetzt sich der ➤ SCHAMANE in die NAW (Nicht Alltägliche Wirklichkeit), nämlich in T.
Bei all diesen T.-Arten sind keine Drogen notwendig. Der menschliche Körper produziert selbst sog. Endorphine (Hormone), die solche T.-Zustände hervorrufen.

TRANSFORMATION, (lat.) = Umwandlung, Umformung.

TRANSZENDENZ, von (lat.) „transcendere" = hinübersteigen. Dies sind Bereiche, die unsere sog. normalen Erfahrungen und Grenzen, unser Bewusstsein, übersteigen.

TRAUMDEUTUNG, der griech. Philosoph *Xenophon* ordnete die Träume zur Wahrsagerei. Damals galten Träume als Botschaften Gottes, aus denen man die Zukunft deuten und Krankheiten feststellen konnte. Auch heute gibt es verschiedene Schulen der Traumdeutung. Die eine ordnet die Symbole eindeutig zu, andere sagen, Träume seien sehr individuell.

URANUS, 1. Griechischer Himmelsgott.
2. Im Jahre 1781 entdeckter Planet. Dem U. werden Kreativität, Intuition und die modernen technischen Errungenschaften zugeordnet.
Tierkreiszeichen: *Wassermann*.

VALENTINSTAG, ursprünglich ein röm. Feiertag, an dem die jungen Männer Lose mit Mädchennamen zogen und sich dann mit ihnen vergnügten. Da die Kirche etwas dagegen hatte, setzte sie den Tag des heiligen Valentin ein, des Schutzpatrons der Liebenden (!).

VAMPIR, blutsaugender ➤ DÄMON. Der Glaube an V.e (V.ismus) trat bei manchen Völkern wie eine Epidemie auf. Nach dem Volksglauben ist der V. ein „Untoter“, der nicht ins Totenreich übergehen kann und nach dem Tod weiterlebt. Er ernährt sich vom Blut anderer Menschen, die sich dann ebenfalls zu V.n entwickeln können. Für V.e ist Sonnenlicht tödlich, weshalb sie tagsüber in Särgen schlafen. Die V.gestalt „Dracula“ wurde durch die Verfilmungen des gleichnamigen Buches von *Bram Stoker* berühmt. Tatsächlich hat einmal ein gewisser Graf Dracula existiert: Der Karpatenfürst *Vlad Tepes* (1431-1476) hat Tausende von Menschen pfählen lassen und ihr Blut getrunken.

VEDEN oder **VEDA** (Sk.) = göttliches Wissen. Grundlage des Hinduismus und älteste heilige Schriften der Inder, die zwischen 1500 und 500 v. Chr. entstanden sind. Die bedeutendsten Veden sind: Rig-Veda (Götter-Hymnen), Sama-Veda (rituelle Gesänge), Yajur-Veda (Opfersprüche) und Atharva-Veda (Zaubersprüche und Mantras).

VENUS, 1. Röm. Liebesgöttin.
2. Weißbläulich strahlender Planet, etwa so groß wie die ➤ ERDE. In der Magie wird ihr die Farbe Blau zugeordnet. V. repräsentiert Liebe, Harmonie und Schönheit.
Metall: Kupfer. **Tierkreiszeichen:** *Stier* und *Waage*.

Die **VISUALISATION,** die Sichtbarmachung eines Bildes über einen längeren Zeitraum, ist die wichtigste Fähigkeit zur Ausübung mag. Arbeit. Mit mag. Übungen kannst du sie trainieren. Siehe Übungen unter ➤ FARBEN und ➤ KONZENTRATION.

Das Tönen von **VOKALEN** wird häufig bei mag. Übungen eingesetzt. Unter den Lauten schwingen Vokale besonders stark. Jedem Vokal kann ein bestimmtes ➤ CHAKRA zugeordnet werden, das von ihm besonders stimuliert wird.

MAGISCHE ÜBUNG:

EINE VOKALÜBUNG

Sitze oder liege ruhig und entspannt. Schließe die Augen und genieße deinen Atem. Atme ein und töne den Vokal AAAAA. Wenn der Vokal verklungen und die Luft aus der Lunge ist, halte für drei Sekunden den Atem an und atme dann wieder aus. Wiederhole diese Übung mehrmals und konzentriere dich dabei auf deinen Brustbereich, das Herz-➤CHAKRA.

Eine wirkungsvolle Vokalübung ist die von mir entwickelte ➤ CHAKREN-Ton-Meditation. Sie wird ausführlich in meinem Buch **„Das spirituelle Songbook“** (WINDPFERD-Verlag) auf S. 28 beschrieben. Dort sind den Chakren folgende Vokale und Töne zugeordnet:

CHAKRA:	VOKAL:	TON:
1. oder **Wurzel-Chakra** (Muladhara-Chakra)	U	c
2. oder **Sakral-Chakra** (Svadhishthana-Chakra)	O (geschlossen)	d
3. oder **Solarplexus-Chakra** (Manipura-Chakra)	O (offen)	e
4. oder **Herz-Chakra** (Anahata-Chakra)	A	f
5. oder **Hals-Chakra** (Vishuddha-Chakra)	E	g
6. oder **Stirn-Chakra** (Ajna-Chakra)	I oder Ü	a
7. oder **Scheitel-Chakra** (Sahasrara-Chakra)	M oder OM	h

VOODOO oder **VOUDOU** (sprich: „wudu“), von „vou“ = hineinsehen und „dou“ = das Unbekannte. Dieser streng geheime, mag. Kult mit starkem Dämonenglauben hat seine Wurzeln in Afrika. Von dort aus verbreitete er sich in die ganze Welt und wird am häufigsten auf Haiti, in Kuba und anderen südamer. Ländern praktiziert. Wie in der weißen und schwarzen Magie gibt es auch im V. pos. und neg. Anwendungen. Bei einer V.-Zeremonie werden Götter und Göttinnen beschworen und ergreifen Besitz von den Körpern der Ausführenden. Dabei fallen diese in ➤ TRANCE, wachsen über ihre natürlichen menschlichen Kräfte hinaus und wehren z. B. böse Dämonen zum Schutz ihres Stammes ab.

WALPURGISNACHT, auch BELTANE oder BELTAIN, in der Nacht zum 1. Mai. Der wohl bedeutendste Hexensabbat, ein Fest der Fruchtbarkeit und Liebe, die große Hochzeitsfeier zwischen der Göttin *Aradia* und dem Gott *Karnaina*. Der Winter wird endgültig bezwungen, und der Frühling kann ausbrechen. Auch ein Fest, das die Unabhängigkeit der Frau/Hexe symbolisiert. Ein Tag, sich der weiblichen Urkräfte und Mächte zu erinnern.

Die **WASCHUNG** bzw. Reinigung des Magiers ist Voraussetzung für jegliches mag. Ritual. Ein vorbildhaftes Beispiel kultischer Reinigung geben hierin die Muslime mit ihren Wudu-Waschungen vor den fünf täglichen Gebeten. Sie verfolgen im Prinzip den gleichen Zweck, nämlich die Läuterung von Körper, Geist und Seele und die Öffnung und Hingabe gegenüber Gott bzw. der göttlichen Quelle.

„Der Anfang aller Dinge ist das Wasser.
Aus Wasser ist alles, und ins Wasser kehrt alles zurück."

Thales von Milet (650-560 *v. Chr.*)

WASSER. Natürlicherweise steht uns dieses Element sehr nahe. Der Mensch besteht zu etwa 80 % aus W. Seine gewaltige Kraft beschreibt eine alte Redewendung: „Steter Tropfen höhlt den Stein." W. besitzt in seiner natürlichen Beschaffenheit und Umgebung große Heilkraft (Quellwasser, ohne Chlor, ohne „Verformung" durch Leitungsrohre). W. ist ein ausgezeichneter Informationsträger. Es reinigt nicht nur den gesamten menschlichen Körper von Schmutz und Schweiß, sondern hilft auch zur Klärung und Reinigung des Geistes und der Seele. W.-Typen sind meist sehr einfühlsam und verletzlich, können aber leicht manipulierbar und überempfindlich sein. **Tierkreiszeichen:** *Fische, Krebs, Skorpion.*

WEIHE deine mag. Werkzeuge, Speisen, Getränke oder andere Dinge, die für dich „heilig" sind, mit nachfolgendem Ritual (siehe Seite 126). Du kannst sie mit mag. Kraft aufladen. Hättest du gedacht, dass ein scheinbar so altmodisches und verstaubtes Wort wie **„heilig"** mit dem germ. Wort „haila" verwandt ist, was „Zauber", „günstiges Vorzeichen" und „Glück" meint? Eine wunderschöne Bedeutung!

MAGISCHES RITUAL:

DIE „HEILIGE WEIHE“ EINES MAGISCHEN GEGENSTANDS

Zur Aktivierung des entsprechenden Gegenstands (z. B. deines Amuletts) stimmst du es mit einem kleinen Ritual auf dich ein. Dadurch stellst du eine persönliche Beziehung zu ihm her. Reinige es vorher in Salzwasser und trage es bei Vollmond genau 24 Stunden unter deiner Kleidung. In dieser Zeit darf es für niemanden sichtbar sein. Dann ziehe dich an deinen mag. Kult-Ort zurück. Zur Weihe verwende deinen ➤ ATHAME (Hexendolch) oder ein geweihtes Messer oder einfach deine gereinigte Hand. Lege dein Amulett in die Mitte des Altares. Berühre nun mit dem Athame, dem Messer oder deiner Hand die Symbole der vier bzw. fünf Elemente (siehe Abb. ➤ ALTAR, Seite 11) der Reihe nach und meditiere über die Kraft jedes Elements. Berühre sodann dein Amulett und stelle dir vor, wie die Kräfte in es fließen. Dann sprich folgenden Weihetext:

„Ich weihe dich nun, du Amulett. Möge die Kraft der Elemente Erde, Wasser, Feuer, Luft und Äther dich durchdringen und zu Diensten sein im Norden, Süden, Osten und Westen, zwischen den Welten und in allen Welten. Im Namen .... (z. B. des Schöpfers des Himmels und der Erde). Amen. So sei es!“

Nun hänge dir dein Amulett um und trage es so oft wie möglich. Lass es möglichst von niemandem berühren. Und wenn es jemand berührt hat, reinige es danach (mit einem Zauberspruch unter Wasser halten). Jetzt kannst du dein Amulett beruhigt sichtbar zeigen. Mache dich jedoch nie völlig von ihm abhängig. Wenn du es einmal nicht trägst, nicht findest oder gar verloren hast, denke nicht gleich: „Jetzt passiert ein Unglück!“ Es gibt Mittel und Wege, wie du trotzdem deine Sicherheit und Kraft behalten kannst. Siehe auch ➤ NOTSITUATIONEN. Da nun die mag. Kräfte am wirksamsten sind, ist es günstig, noch weitere Gegenstände aufzuladen.

WERKZEUGE, MAGISCHE
in alphabetischer Reihenfolge: **Altar, Amulette, Athame (oder Hexendolch), Brennmaterial, Edelsteine, Glocke, Gürtel, Kelch, Kessel, Lamen, Lampe, Maske, Öle, Pentakel, Phiole, Räucherwerk, Ring, Robe, Schwert, Spiegel, Stirnband, Tagebuch, Talismane, Zauberstab.** (Keine Angst, du musst sie nicht **alle** besitzen!).

WERWOLF, von (ahd.) „wer“ = Mann. Schon in der Antike ist davon die Rede. Der Sage nach ist damit ein Mensch gemeint, der sich zu bestimmten Zeiten oder Mondständen in einen Wolf verwandeln kann.

WICCA, Begriff des modernen Hexenkultes, als dessen Begründer Gerald ➤ GARDNER gilt, doch geht der W.-Kult auf eine alte Tradition der Naturverehrung und des Schamanismus (➤ SCHAMANE) zurück. Im W.-Kult werden Gott und Göttin gleichberechtigt verehrt. Die Einweihungen finden meistens an den vier Hauptfesten CANDLEMAS, ➤ BELTANE, ➤ LAMMAS und ➤ HALLOWEEN statt.

WINTERSONNWENDE, siehe ➤ JULFEST

WOCHENTAGE, woher kommen sie? Was bedeuten sie und wofür sind sie günstig? Jedem Tag ist ein bestimmter Planet zugeordnet, der Einfluss auf das Tagesgeschehen ausübt. Zu jedem Wochentag passend kannst du auch ein ➤ AMULETT mit dem entsprechenden Planeten tragen.

Sonntag, der Tag der Sonne und in der christl. Tradition der Tag des Herrn und der Ruhe. Gut für weißmag. Rituale, Gesundheits-, Kraft- und Freundschaftszauber.

Montag, der Tag des Mondes und der Mondgöttin. Besonders geeignet für Frauen- bzw. Hexenrituale. An diesem Tag ist alles günstig, was mit Fruchtbarkeit, Wachstum, Reinigung und Liebe zu tun hat.

Dienstag, der Tag des Mars. Ideal für Wettbewerbs- und Erfolgszauber. Der Name kommt vom germ. Kriegs- und Gerichtsgott *Ziu*. Vorsicht, an diesem Tag passieren nachweislich die meisten Unfälle und Verbrechen! Deshalb ist es ratsam, am D. Rituale gegen negative Kräfte und bösen Zauber einzusetzen.

Mittwoch, der Tag des Merkur. Germ. auch Wotanstag (engl.: wednesday). Besonders geeignet für geschäftliche Unternehmungen, Kommunikation und Meditation.

Donnerstag, der Tag des Jupiters. Der Name kommt vom germ. ➤ GOTT *Thor* oder *Donar*. Erfolgs-, Glücks- und Gesundheitsrituale sind am Donnerstag günstig.

Freitag, der Tag der Venus, bei den Germanen zu Ehren der Liebesgöttin *Freya*. Ein beliebter Fasten- und Glückstag, auch für Hochzeiten. Im Islam ist er der Tag der Versammlung zum Gebet. Zaubersprüche und Gebete, die an diesem Tag gesprochen werden, sollen besondere Kraft haben. Ideal für Schönheits- und Liebeszauber, Venus unterstützt deine Vorhaben!

Samstag, auch Sonnabend, der Tag des Saturn (engl.: Saturday), bei den Juden der Ruhetag Sabbat. An diesem Tag sind besonders Rituale gegen Angriffe und zur Abwehr böser Zauber wirksam. Gut sind am Samstag auch mag. ➤ BÄDER mit Abwehr-, Reinheits- und Schönheitszauber.

Achte bei deinen Meditationen und Ritualen auch auf die entsprechenden ➤ PLANETENSTUNDEN; dadurch wird ihre Wirkung verstärkt.

„**WORTE** haben Macht über Leben und Tod", sagt ein altes ind. Sprichwort. Und in der Bibel lesen wir: „Am Anfang war das Wort." Wort heißt darin griech. „logos", was auch die Bedeutung von „Vernunft" oder „Schöpferwort" hat. In der Magie spielt die Verwendung und der richtige Einsatz von Wörtern, ➤ MANTRAS etc. eine sehr wichtige Rolle. Willst du die wirkliche Bedeutung eines Wortes erfahren, so verlasse dich nicht auf seine allgemeine Auslegung, sondern erforsche seine Herkunft, seine Wurzel!

Hier einige Worte bzw. Zaubersprüche zu bestimmten Gelegenheiten:

Gegen Dämonen und Vampire: „Die durch die Dunkelheit wandeln, müssen das Licht sehen!"
Der Name „Jesus", „Jesus Christus" wirkt gegen Dämonen, Teufel und böse Geister.
Tagesbeginn: „Schönheit des Tages, entfalte dich."
Magischer Kreis: „Keine negative Kraft des Kosmos kann je diesen Kreis durchdringen."
Monatssprüche: siehe ➤ FEIERTAGSKALENDER.
Wirksamkeit der Kräuter, Öle und Räucherungen: Im Namen ...... (Name des Gottes einsetzen), wirke mit deiner Macht durch ...... (Name des Gegenstandes)!

Mehr Zaubersprüche findest du in den beiden Büchern **„Zauberhafte Hexensprüche"** von Karin Schramm und **„Das Buch der Zaubersprüche"** von Maja Sonderbergh, die ebenfalls bei der vgs-verlagsgesellschaft erschienen sind.

Die **WÜNSCHELRUTE** ist urspr. aus einem Zauberstab hervorgegangen, der schon bei den alten Ägyptern verwendet wurde. Was damals als Wahrsagerute galt, ist heute ein Gegenstand zum Aufspüren von Wasser, Wasseradern, Erd-, Metall- und Erzstrahlen. Dabei gebraucht man meist einen Ast einer Weide oder eines Haselstrauches in Ypsilon-Form oder einen gleichermaßen gebogenen metallischen Gegenstand.

XENOGLOSSIE (griech.) = Reden in fremder Zunge. Eine paranormale Fähigkeit, in einer fremden Sprache zu sprechen, die man vorher niemals gelernt hat. Siehe auch ➤ GIBBERISCH.

YANTRA, (Sk.) geometrisch-symbolische Zeichnung als Hilfsmittel für Meditationen und mag. Rituale. Das Y. wird auch mit dem Rezitieren von ➤ MANTRAS verbunden. Es besteht häufig aus der Kombination mehrerer geometrischer Urformen wie Kreis, Dreieck und Viereck.

Yantra der Göttin Kali (© 2002 *Sol Universal*).

YIN und **YANG,** zwei chin. Begriffe, gehen zurück auf die Philosophie des ➤ TAOISMUS. Danach stellen sie zwei Urprinzipien und gegensätzliche Formen der Lebensenergie „Chi", der Urenergie des Kosmos, dar. Yin symbolisiert die weibliche, empfangende, Yang die männliche, aktive Energie. Vom Gleichgewicht dieser Kräfte hängt unsere menschliche und kosmische Harmonie ab.

YOGA (Sk.), gleichbedeutend mit „Joch" oder „Vereinigung". Y. meint: Rückverbindung zum göttlichen Ursprung. Der Y. ist eine ganzheitliche Meditationslehre aus der ind. Tradition und Praxis mit dem Ziel der Selbstverwirklichung. Er stützt sich auf zwei hind. Texte: Die Sutren „Patanjalis" und die „Bhagavad Gita". Nach dem Y.sutra des „Patanjali" wird der Y.pfad in acht Stufen eingeteilt: 1. Yama (sittliche Zucht), 2. Niyama (Selbstzucht), 3. Asana (rechte Sitzhaltung), 4. Pranayama (Atemkontrolle), 5. Pratyahara (Zurückziehen der Sinne), 6. Dharana (Konzentration), 7. Dhyana (Meditation) und 8. Samadhi (Einheit des Bewusstseins).

ZAHLENMAGIE. Zahlen an sich sind nicht böse oder unheilbringend. Es kommt darauf an, welche Gedankenkraft wir ihnen geben.
Welcher Zahlentyp bist du? Addiere mit folgender Methode sämtliche Zahlen deines Geburtsdatums.
Beispiel: 02.04.1966 = 2+4+1+9+6+6 = 28 (2+8) = 10 = **1-er-Typ.**

Die Zahlenmagie von 1 bis 144 000:

1

Die Eins ist die Zahl Gottes, des Universums, der Einheit und des Ursprungs aller Dinge. Sie ist in allen Zahlen enthalten und birgt eine gewaltige Kraft in sich. Die Eins steckt in Wörtern wie **Ein**heit, Ver**eini**gung, **Ein**samkeit und **Ein**öde.

> **Als EINSER-Typ bist du schöpferisch begabt und eine Führungspersönlichkeit. Allerdings kannst du auch zu Dominanz und Egozentrik neigen.**

2

Die Zahl der Dualität, der Polarität, des Gegensatzes und der Spannung. Man findet diese Eigenschaften wieder in Wörtern wie **Zwei**heit, **Zwei**samkeit, **Zwei**fel und **Zwie**spalt.

> **Als ZWEIER-Typ bist du anpassungsfähig, kooperativ und hilfsbereit. Doch kann es sein, dass du oft übereifrig bist. Achte darauf, dass du immer das richtige Gleichgewicht findest.**

3

Sie ist die „Wunderzahl" in vielen rel.-mag. Traditionen und stellt die Vereinigung der Gegensätze dar. Es heißt: „Was dreimal geschieht, wird Gesetz." In einigen Religionen findet man den Glauben an eine Trinität = **Drei**einigkeit, in Ägypten: *Osiris, Isis, Horus*, im Hinduismus: *Brahma, Wischnu, Schiwa*, im Germanentum: *Wotan, Donar, Ziu*, im Christentum: *Vater, Sohn, Heiliger Geist*. In der Musik macht erst der **Drei**klang die Harmonie, bestehend aus Grundton, Terz und Quinte. Erst aus drei geraden Linien entsteht eine Figur, das Dreieck.

> **Als DREIER-Typ bist du empfindsam, gesellig und hast einen starken Ausdruckswillen. Du solltest jedoch darauf achten, offen zu sagen, was du willst und brauchst, wenn Probleme auftauchen. Vorsicht vor Manipulationen!**

4

Die Zahl der irdischen Verwirklichung: **vier** Elemente, **vier** Jahreszeiten, **vier** Himmelsrichtungen, **vier** Erzengel, das Quadrat, **vier** Schlüsselwörter des Magiers (Wissen, Wollen, Wagen, Schweigen). Die Vier wird auch bei den nordamerikanischen Indianern als heilige Zahl verehrt.

Als VIERER-Typ bist du eigentlich sehr zuverlässig, geschäftstüchtig und hast ein Talent zum Berater. Aber du kannst manchmal auch unberechenbar sein. Du solltest dich bemühen, Stabilität und Sicherheit zu entwickeln.

5

Die Zahl des Menschen und der sog. ➤ QUINTESSENZ: **fünf** Finger an jeder Hand, **fünf** Sinne, **fünf** Elemente (Erde, Wasser, Feuer, Luft, Äther), **fünf** Lebensalter (Kindheit, Jugend, Frauen- bzw. Mannesalter, höheres Alter, Greisenalter), **fünf** Bücher Mose. Im ➤ PENTAGRAMM kommt die Form des menschlichen Körpers symbolhaft zum Ausdruck. Das **5.** Element ist der ➤ ÄTHER, der in allen anderen Elementen (➤ ERDE, ➤ WASSER, ➤ FEUER, ➤ LUFT) wirksam ist.

Als FÜNFER-Typ bist du fingerfertig und hast meist eine gute Lernfähigkeit. Deine Lebensaufgabe besteht darin, durch Tiefe und Disziplin zu deiner Freiheit zu finden.

6

Die Zahl der Liebe, der Freundschaft und das Symbol der Gottheit in der Welt. *Pythagoras* bezeichnet sie als die erste „vollkommene Zahl". **Sechs** Tage dauerte in der Bibel die göttliche Schöpfung der Welt, **sechs** Werktage pro Woche ist der Arbeitsrhythmus des Menschen, ➤ HEXAGRAMM (der Davidstern), Sex.

Als SECHSER-Typ hast du die Neigung, mit Hoffnung und Weitsicht nach hohen Idealen zu streben. Doch du bist oft sehr kritisch zu dir selbst und anderen gegenüber. Verfolge deine Ziele, aber rechne auch mit Hindernissen und nimm sie an.

7

Die Zahl des Schutzes und der Magie, irdischer und göttlicher Harmonie: **sieben** Schöpfungstage, **sieben** Wochentage, **sieben** Weltwunder, **sieben** Meere, **sieben** (sichtbare) Planeten, **sieben** magere und fette Jahre, **sieben** Chakren, **sieben** Zwerge.

> **Als SIEBENER-Typ hast du einen analytischen Verstand und die Anlage für einen geistigen Beruf. Du solltest aber nicht immer auf deinen Verstand, sondern auch auf dein Herz vertrauen und dich mit spirituellen Dingen beschäftigen.**

8

Die Zahl des Ausgleichs, der Gerechtigkeit und Vollendung. In der Musik vollendet die Oktave eine Tonskala, indem sie wieder in den ersten Ton mündet und eine neue Tonfolge beginnt. **Acht**facher Pfad im Buddhismus, **acht** Seligpreisungen im Evangelium des NT, **Acht**ung **Acht**en, **Acht**samkeit, Ver**acht**ung, Oktave, Oktaeder.

> **Als ACHTER-Typ bist du begabt für erfolgreiche finanzielle und geschäftliche Unternehmungen. Du solltest dabei allerdings gut aufpassen, da die Acht für dich nicht nur wahnsinnigen Erfolg, sondern genauso gut eine totale Niederlage bedeuten kann.**

9

Die Zahl der Magie, des Rückzugs und des Schicksals: **neun** Geburtsmonate, **neun** Engelsklassen, **neun** griechische Künste und Musen, „**neun**mal klug".

> **Als NEUNER-Typ kannst du mit deinem Charisma andere mitreißen und bist in vielen Dingen zu beneiden. Bedenke aber, dass du damit auch Verantwortung trägst, und gib ein gutes Beispiel ab.**

10

Die Zahl der Vollkommenheit, das Ende eines Zyklus: **zehn** Finger, **zehn** Gebote, **zehn** Sephirot des ➤ BAUMS DES LEBENS, **Dezi**malsystem.

11

Zahl der Lust und des Karnevals, Beginn am **11.11.** um **11:11** Uhr durch die Eröffnung eines **11**-köpfigen Präsidiums. Sie gilt ebenfalls als Zahl der Fülle und Fruchtbarkeit, wurde früher auch als „Zahl der Sünde" bezeichnet, weil sie die Zehn (Gebote) überschritt.

12

Eine heilige Zahl und Tierkreiszahl. In ca. **zwölf** Jahren umläuft der Jupiter die Sonne. **Zwölf** Gebote, **zwölf** Tages- und **zwölf** Nachtstunden, **zwölf** Monate = ein Jahr, **zwölf** Stämme Israels, **zwölf** Edelsteine des „Himmlischen Jerusalem".

13

Sie gilt auch heute noch für viele Menschen als Unglückszahl. Manche nennen sie sogar die „schlimme 13". Sie lässt sich nur durch eins und durch sich selbst teilen und bekam daher eine Sonderstellung. Schon die Babylonier machten sie zu einer Zahl, die man meiden sollte. Doch Magier und Hexen verehren sie als eine glückbringende Mondzahl, denn der Vollmond ist innerhalb eines Jahres dreizehnmal am Himmel zu sehen.

21

In einigen Kulturen (persisch, germ.) ist sie die Zahl der Vollendung. In der Bibel ist von den 21 Vollkommenheiten die Rede. In der ➤ RUNEN-Tradition der Germanen galt sie als göttlichste Zahl.

28

Sie ist in der Zahlensymbolik die mag. Mondzahl. Innerhalb von 28 Tagen hat der Mond vier Phasen. Der Erdtrabant durchwandert in dieser Zeit alle Sterngruppen.

365

Die Zahl des Jahres. Zahl der Treppen der Kukulcán-Pyramide der ➤ MAYA.

666

Eine Zahl mit mysteriöser Bedeutung. Über kaum eine Zahl wurde so viel gerätselt und spekuliert. Schwarzmagier Aleister ➤ CROWLEY bezeichnete sich selbst als das „Tier 666".
Sie war früher die Zahl der röm. Sonnenreligion („Mithras-Kult"), bis die christl. Kirche sie als Zahl des ➤ TEUFELS bezeichnete, um die Konkurrenz-Religion verächtlich zu machen.

144 000

(die „Schar der Versiegelten") sollen laut Bibel einmal gerettet werden.

ZARATHUSTRA ist der Stifter der altpers. Religion, des ➤ ZOROASTRISMUS. Er lebte vermutlich um 500 v. Chr. Nach anderen Quellen soll der Ur-Z. um 2000 v. Chr. oder sogar früher gelebt haben.

ZAUBERKRÄUTER spielen in der prakt. Magie eine große Rolle. Sie sollten stets zum richtigen Zeitpunkt und nach entsprechenden astrologischen Konstellationen gepflückt werden. Als Grundregel gilt: Ernte eine Pflanze an dem Tag, an dem der Mond in dem Zeichen steht, das dem entsprechenden Körperteil zugeordnet wird. Dann wirkt die Kraft der Pflanze besonders gut. – Es ist auch wirksam und beliebt, Zauberkräuter im Stoffbeutelchen als Amulett um den Hals zu tragen.

Vorsicht!
Gehe gewissenhaft mit Kräutern aller Art um und unterschätze ihre Wirkung nicht! Wenn du Kräuter zu anderen als kosmetischen Zwecken (Heilzwecken) verwenden willst, frage deinen Arzt oder Apotheker.

ZAUBER-TIPP:

DIE 7 GRUNDREGELN ZUM SAMMELN MAGISCHER KRÄUTER

1. *Pflücke und sammle die Kräuter am besten bei Vollmond (und bei Frauen gilt: nicht an Tagen der Menstruation!).*
2. *Sprich mit der Pflanze, danke ihr und bitte sie um ihre Kraft.*
3. *Achte darauf, niemals alle vorhandenen Pflanzen „abzurasieren".*
4. *Auf jeden Fall die Pflanzen mit sauberem, kaltem Wasser waschen.*
5. *Kräuter zu Bündeln binden und zum Trocknen aufhängen.*
6. *Getrocknete Kräuter vorsichtig von den Stielen lösen und fein zwischen den Fingern zerreiben.*
7. *Bei Anwendung der Kräuter mag.* ➤ GESANG, ➤ MANTRAS *oder* ➤ ZAUBERSPRÜCHE *verwenden.*

Aloe: Diese ursprüngliche Wüstenpflanze galt bei den alten Ägyptern als Jungbrunnen. Es hieß, wer in einer Aloe-Quelle badete, würde nicht altern.

Alraune: Liebeszauber, in der Antike Schmerz- und Schlafmittel, Austreibung von Dämonen, Betäubungsmittel vor Operationen bei den Römern.

Augentrost: „Ich kenn ein Kraut, heißt Augentrost, hat manches Herzeleid erlost (erlöst)!" A. hilft bei Entzündungen und Übermüdung der Augen.

Baldrian: Ideal zur Beruhigung.

Brennnesseln: Für das Haarwachstum, gegen Schuppen, für ➤ LIEBESZAUBER.

MAGISCHER LIEBESZAUBER:

*Grabe an einem Freitag bei **Sonnenaufgang** eine Brennnessel samt Wurzel aus (Handschuhe!!!), wasche sie, trockne sie und verbrenne sie am darauffolgenden Sonntag bei **Sonnenuntergang**. Und die Liebe deines Partners/deiner Partnerin wird neu erglühen!*

Dill: Bei guten Hexen ist es Brauch, ein Bündel mit Dill über die Haustür zu hängen, um böse Hexen und andere Menschen mit unguten Absichten fernzuhalten. Auch wurde Dill oft auf Bauernhöfen über die Stalltüren gehängt, um das Vieh zu schützen. Neugeborene Kälber wurden mit Dill bestreut.

Efeu: Die Rohpflanzen, vor allem die Beeren, sind giftig. Bei Husten gibt es homöopathische E.-Tropfen.

Eisenkraut: Eine Zutat für Glücks- oder Erfolgszauber.

Fenchelsamen: Hält Geister fern, gut gegen Magen- und Darmbeschwerden.

Galgant: Aus der Wurzel kann man eine Tinktur gewinnen und für Glücks-, Geld- und Übersinnlichkeitszauber verwenden.

Ginseng: Chinesisches „Unsterblichkeitselixier", Allheil- und Wundermittel, das böse Geister vertreibt, Körper, Geist und Seele stärkt, die Liebeslust fördert und das Leben verlängern soll.

Holunder: bei Erkältungen (viel Vitamin C!), „Baum des Heils". Holunderstrauch schützt vor Feuer, Krankheit und vor bösem Zauber. Achtung: Rohe Beeren sind in größeren Mengen giftig.

Johanniskraut: „Die Sonne des Winters". Gegen Depressionen und Muskelkater, wundstillend und beruhigend. Am besten am Johannistag vor Sonnenaufgang sammeln, da es dann seine Wirkung am stärksten entfaltet. Achtung: Nicht bei zu hoher Sonnenstrahlung im Sommer einnehmen, da Haut und Augen lichtempfindlich darauf reagieren.

Kamille: Harmonisierend und gut für Magen und Darm.

Lungenkraut: Bei Atembeschwerden.

Melisse: Zur Beruhigung und Kräftigung.

Rose: Für den Liebeszauber.

Salbei: Mundspülung mit Salbeitee kräftigt Zahnfleisch und Zähne. Zum Gurgeln gegen Mundgeruch und Mandelentzündung.

Schafgarbe: Bei Hautunreinheit. Die S. ist auch ein Liebeskraut.

Vanille: Die Zauberkraft der V. liegt in ihrem Duft. Im Tee oder als Öl in der Duftlampe wirkt V. entspannend und erhebend. Achte auf echte V.; oft sind künstliche Produkte mit der Bez. „naturidentisch" im Handel.

Wacholder: Bei den alten Germanen der „heilige Baum des Lebens". Das Holz des W.s wird zu kultischen Räucherungen verwendet. W.zweige werden verbrannt, um Dämonen und andere böse Geister zu verbannen.

Weihrauch: Verwendet wird das getrocknete Harz des Weihrauchbaumes. Gegen böse Geister, schützend, klärend und reinigend.

Es gibt auch Kräuter bzw. Pflanzen, mit denen freundet man sich am besten gar nicht erst an, da sie lebensgefährlich giftig sind (z. B. Wiesen-Bärenklau). Sicher kennt ihr auch einige davon.

ZAUBERSPRÜCHE, siehe ➤ WORTE

Der **ZAUBERSTAB** diente lange Zeit Magiern und Hexen als Stütze bei langen Märschen. Es war sozusagen auch ihr tragbarer Altar. Der Z. ist das Zeichen der Macht und der verlängerte Zauberarm. Auf den Z. wird die Zauberkraft bzw. -energie übertragen.

Kopf eines Zauberstabes der Batak, indonesischer Volksstamm (© 1998 Sol Universal).

ZOMBIE, ein durch mag. Zauberformeln zum Leben erweckter Körper eines Toten. Der Begriff kommt aus dem haitianischen ➤ VOODO-Kult. Der Glaube ist auch auf anderen karibischen Inseln und in Teilen Westafrikas zu finden.

ZOROASTRISMUS, auch Parsismus oder Masdaismus, die dualistische Religion der Parsen. Sie wurde von ➤ ZARATHUSTRA, dem Priester und Begründer dieser altpers. Religion gestiftet. Im Kult des Z. legt man großen Wert auf körperliche und geistige Reinheit, Opfer, Gebet, Naturverehrung und Gleichberechtigung der Frauen. Das heilige Buch der Parsen heißt ➤ AWESTA. Heute bilden die Zoroastrier eine Religionsminderheit von einigen Tausend Gläubigen weltweit.

„Was Du nicht willst, das man Dir tu, das füg' auch keinem andern zu!"

Zarathustra

Zoroastrismus (nach historischer Vorlage), Ahura Mada, der „weise Meister" und Gott des Zoroastrismus (© 2002 Sol Universal).

Zeichnungen und Graphiken von **Yan d'Albert**: S. 3: Glückssigille, S. 10, 12, 114: Glücksamulett, S. 11: Elemente-Altar, S. 12: Ankh, S. 22, 29, 105, 106: Runen, S. 24, 28: Salomonischer Knoten, S. 26: Baum des Lebens, S. 30, 121: Caduceus, S. 62: Hexagramm, S. 66: Horusauge mit Füßen, S. 67: Tae Yu, S. 72: Kerze mit Glückssigille, S. 73, 109: Liebessigille, S. 96: Pendel-Kreis, S. 97: Pentagramme, S. 101: Zahlen- und Buchstabenquadrate, S. 112, 113: Triskel, Yin-Yang, Shou, Sigel, Doppelaxt, S. 129: Kali-Yantra;
von **Gabriela d'Albert**: S. 8: Stadha Thurisaz, S. 18, 25: Athame, S. 19: Leuchter, S. 23, 42, 43: Sonnenengel, S. 31: Chakren-Männchen, S. 44: Spiralenwirbel, S. 58, 59: Frauenskulptur, S. 61: Handlese-Hand, S. 63, 64: Tekkno-Hexe, S. 66: Horusauge, S. 69: Jupiter, S. 70: Doppelspirale, S. 82: Herz-Mandala, S. 84: Mars, S. 86: Merkur, Mond, S. 95: Om, S. 96: Achat-Pendel, S. 104, 113: Rosenkreuz, S. 107: Saturn, S. 111: Sonne, S. 113: Hexenschutzzeichen (Abb.5), S. 115, 122: Derwisch, S. 123: Venus, S. 137: Batak-Zauberstab, S. 137: Ahura Mada.

Bezugsquelle für magische Artikel:

magicult – Alles für Magie
Vertrieb von **witch box** und **magic box**,
Amuletten, Talismanen, mag. Werkzeugen, Edelsteinen, CDs, Videos und Büchern.
Buchung von **magic trainings**, den Workshops und Seminaren mit **MAGIC YAN d'Albert**.

Filmprojekte:

magicult movies, Story Development, Exposés,
Treatments, Script und TV-Produktion „MAGIC YAN".
Am Reutersbach 3, D-55170 Windeck (Sieg)
Fon: 02292-800402, Fax: 02292-800403,
e-mail: soluniversal@yan-d-albert.de
www.magicult.de und www.magicult.com

Verzeichnis der verwendeten Abkürzungen und Symbole

Abb.	Abbildung
ägypt.	ägyptisch
ahd.	althochdeutsch
altdts.	altdeutsch
altägypt.	altägyptisch
altnord.	altnordisch
altpers.	altpersisch
amer.	amerikanisch
arab.	arabisch
ASW	Außersinnliche Wahrnehmung
AT	Altes Testament
Bez.	Bezeichnung(en)
bürgerl.	bürgerlich
buddh.	buddhistisch
bzw.	beziehungsweise
byzant.	byzantinisch
chem.	chemisch
chin.	chinesisch
christl.	christlich
d. h.	das heißt
esot.	esoterisch
engl.	englisch
Ez.	Einzahl
franz.	französisch
germ.	germanisch
griech.	griechisch
hebr.	hebräisch
hind.	hinduistisch
ind.	indisch
islam.	islamisch
Jh.	Jahrhundert
jüd.	jüdisch
kath.	katholisch
kelt.	keltisch
lat.	lateinisch
mag.	magisch
Mill.	Millionen
myst.	mystisch
Mz.	Mehrzahl
NAW	Nichtalltägliche Wirklichkeit
neg.	negativ
NT	Neues Testament
pers.	persisch
phön.	phönizisch
pos.	positiv
rel.	religiös
röm.	römisch
Sk.	Sanskrit
sog.	so genannte(r)
suf.	sufisch
tibet.	tibetisch
u. a.	unter anderen, und andere(s)
z. B.	zum Beispiel
➤	siehe unter

Maja Sonderbergh

Das Buch der Schatten

112 Seiten | ISBN 3-8025-2850-6
vgs verlagsgesellschaft, Köln

Jede Hexe hat ihr eigenes Buch der Schatten. Es enthält das gesamte Wissen, das sie im Laufe ihres Lebens gesammelt hat. Die erfahrene Hexe Maja Sonderbergh eröffnet dir jetzt ihr Buch der Schatten, um ihr geheimes Wissen an dich weiterzugeben:
Der richtige Umgang mit Hexenwerkzeugen, die Selbstinitiierung, der korrekte Ablauf von Kerzen- und Spiegelritualen, traditionelle und moderne Hexensprüche – das alles und vieles mehr kannst du in diesem Buch der Schatten nachlesen. Viele Tipps, Hinweise und praktische Übungen machen den Einstieg in das alte und neue Wissen der Hexen ganz einfach.

www.vgs.de

Hexe und Zauberlehrling aufgepaßt!
HIER GIBT ES DAS MAGISCHE ZUBEHÖR FÜR DICH :
... alles drin für deinen Altar !
Die Original
WITCHBOX
nur
15 EURO
plus 3,95 €
Versandkosten
ORIGINAL WITCHBOX
ECHT KULTIG
INHALT DER WITCHBOX:
1. Ritual-Kelch
Kupfer, ca. 11cm hoch
2. Rosenquarz
Der sanfte "Stein der Liebe"
3. Fasanenfeder
(Element Luft)
4. Räucherstäbchen
Ayurvedisch, aus reinsten Naturstoffen (mit Zertifikat)
5. Räucherschiffchen
aus Holz, mit Einlegearbeit
6. Aufkleber mit magischen Zeichen zum Selbstgestalten deines Altars!
Außerdem bei magicult :
Räucherwerk vom Feinsten! Z. B: Echter Weihrauch, Myrrhe, Sandelholz, Räuchergefäße, Pendel und und ...
Amulette und Talismane für Liebe, Freundschaft, Schutz, Gesundheit, keltische Sternzeichenanhänger, CDs, Bücher, magische Kosmetik ...
Bestellungen an
magicult
Fax: 02292/800403
www.magicult.de
Am Reutersbach 3 D-51570 Windeck/Sieg
Lieferung nur gegen Vorkasse von 18,95 EURO:
Per Scheck oder erst bestellen, Rechnung bezahlen,
dann erfolgt die Lieferung.
02292-800402